乒乓雙人舞
——婚姻教育的理念與實踐

潘榮吉　著

五南圖書出版公司 印行

序

Two roads diverged in a wood, and I -

曾有一林分出兩路，

I took the one less traveled by

我選了少人走的路途，

And that has made all the difference.

而這造就一切改變。

　　這首美國詩人 Robert Frost 的詩〈The Road Not Taken〉是我在臺大大一英文必讀的文本，它影響我一生很多的選擇。大學經濟系畢業後留學德國而不是當時「來來來來臺大，去去去去美國」的主流思想，選擇進入另一全然陌生的教育領域，修讀社會教育學門下的家庭教育，而非國家教育核心的學校教育；在家庭教育的實務現場聚焦婚姻教育，而非華人最重視的親職教育。一次次偏離主航道，其實亦是一回回對社會、對生命的重新思索，堅守在職場（Beruf）的同時就如同對生命內在召喚（Berufung）的回應。走進家庭教育的世界不難發現，在家庭兩個組成的軸線（親子、夫妻）中，華人向來偏執親子軸，甚至早期會將家庭教育直接等同父母如何教育孩子，然而不論從教育現場或社會新聞觀察，我愈來愈確認「婚姻教育」至關重要，穩定及滿意的婚姻關係讓孩子獲得滋養得以茁壯，家庭功能方可充分發揮。

　　臺灣在 2003 年公布了全球第一部的《家庭教育法》，其施行細則所定義「婚姻教育」即「增進婚前及婚後關係經營之教育活動及服務」。本書內容以家庭教育中的「婚姻教育」為主題，結合「服務學習」教學法，以培訓「家庭教育專業人員」為軸線，各章依不同的發展階段，設定教學以及服務的對象，依照理論以及實際需求呈現教案設計，最後為教學個案的回饋，以求每章都能兼顧理論、設計、實作與評量的全面性。本書中所呈現的三門課

程「婚姻教育」、「家庭生活教育與實習」及「婚姻教育與經營」皆為家庭教育專業人員必選修科目之一。

　　婚姻與家庭是社會當前重要議題，而「服務學習」（Service-Learning）則是結合學術專業與社會服務的最佳途徑。服務學習自 1960 年代在西方許多大學建立及成長後，至今已逐漸演變成一個全球性的教學革新的運動（Movement）。在融入式的專業課程中強調「專業服務」（Academic Service）與「專業學習」（Academic Learning）兼俱的重要性，同時服務學習標示「系所課程－社區機構－參與學生」三者平衡互惠的關聯性，也因此在培訓系所準家庭教育專業人員的過程中，本人主要採用「服務學習」做中學的教學法，讓學生得以進入社區應用專業服務人群，並透過結構性反思，提升專業知能與服務品質，以符合社會所用之家庭教育專業人才。

　　我與妻子柯良宜於 1993 年結髮，自此開始學習如何在婚姻中彼此成全，點點滴滴的生活體驗，逐漸成為我在婚姻教育中的素材。2003 年以來我倆便在輔大著手帶領政府所委託的夫妻成長團體，從自編教材到應用現成專業教本，直至 2009 年開始接觸「親密之旅」情感智慧與自我成長套裝課程，2013 年我們同時成為親密之旅臺灣培訓師，至今亦培訓出約 300 位的小組長（帶領人）。一路走來我們幾乎每年都攜手帶領各式婚前與婚後課程，其中包含將婚、新婚、熟齡、混齡等婚姻教育成長團體，前後服務超過 300 對以上夫妻及情侶；合作單位則包括政府、企業、非營利及學校等不同部門。自 2018 年起本人亦以輔大家庭教育專業人員學分專班召集人身分，在全臺北、中、南、東各地共開設 10 個專班，同時亦擔任「婚姻教育」、「婚姻與家人關係」授課教師，合計培訓逾 300 人。

　　這本書是我多年來在婚姻教育領域實踐的理論與實務的初步成果，閱讀適用對象包括相關系所大學生、研究生、家庭教育專業人員、「親密之旅」小組長及有志在學校、社區、政府、非營利組織從事婚姻及家庭教育服務的人士，書中提供具體的方案可供參考。但願本書能激勵更多重視婚姻與家庭

教育的人士，一起來共同守護風雨飄搖中的臺灣家庭，成為守住時代破口的勇士。如同德國著名音樂家、哲學家及神學家史懷哲（Albert Schweitzer）在自傳中寫道：「當有一天，我離開這裡時，這裡比我來的時候更美麗，因為，我愛過了。」

目錄

第 **1** 章

緒論
我們的家

關於家，我們的想像是什麼？
一個遮風避雨的所在？充能的加油站？
還是所有記憶與創傷的發源地？

引言：西方與東方的家

近年來，對家庭與家庭教育的研究，多運用 Urie Bronfenbrenner 所創的家庭生態系統理論（Ecological Systems Theory）進行分析與探討。家庭生態系統理論說明每個個體都是受由小到大、由近到遠的家庭、社會、文化系統，甚至時間因素之影響，個體會在其中不斷動態變化地調整與適應。整體社會是一個相互依賴與影響的體系，無論是正向或負向的影響，都將讓整個系統出現變化，此現象當然也會對個體身心靈發展產生各樣的變動，就猶如自然界生態系統中牽一髮動全身的概念（周麗端，2016）。

不過，英文中 Ecology（生態學）一詞源起的字義，就包含了家的存在。Ecology（生態學）就德國生物學家 Ernst Haeckel 於 1866 年定義的說法是：「生態學是研究生物體與其周圍環境（包括非生物環境和生物環境）相互關係的科學。」而生態學在德語為 Ökologie，是由原本希臘語詞彙 Oekos（家）和 logos（學科）構成的，意即「生態學」最初是跟「家」有關的學問，這個家是有機生長並與周遭環境、眾人密切相關的組成系統。

就此看來，西方最早將家視為一個生態系統，意味著家是一個有機並相互影響的動態組成，說明了家需要家人相互協作、共同配合，才能維持系統的平衡，反之，將讓家的生態失衡甚至覆滅。

那麼東方漢字中的家呢？家的古字為𧱸，是指在一個屋簷下，有一頭豬。聰明的你可以想一想，為什麼屋簷下不是人呢？

中華民族古代以「家」代指家庭，早在《詩經》、《周易》即有出現家的歌詩與卦辭，而家之「屋頂」下有「豕」是為什麼呢？解釋頗多，東漢許慎的《說文解字》說：「家，居也。從宀，豭，省聲」。對許慎只將「豕」當作聲部的說法，清朝的段玉裁不以為然，在其《說文解字注》中言：「竊為此篆本義乃豕之居也，引申假借以為人之居，字義轉移多如此。牢，牛之居也，引申為所以拘罪之陛牢，庸有意乎假豭豕之生子最多，故人居處借用其字，久而忘其字之本義……」推測家就是用豕之居引申為人之居而已。

　　民初梁啟超（1980）更推進了段玉裁的想法，認為家除了起居處之義外，還有家族之義；清徐灝的《說文解字注箋》更說在早期的畜牧社會中，家中養豬是家庭的外部標記；清吳大澂所著《說文古籀補》中說明，古代祭祀才會使用到羊豕，一般無家廟跟財力的庶人是辦不到的；而陳夢家的《卜辭綜述》中也提及在早期商朝的卜辭中，「某某家」當中的家通常指先王廟中的正室，並沒有家族的意義（Pan, 2012）。追根究柢，家最初可能就是祭祀的場所，是帝王或貴族的宗廟所在。綜上所論，華人的「家」可能包含著「居住」、「生育」、「經濟」還有「宗教」功能（潘榮吉，2005）。

　　華人社會的「家」具有多重意義，但在華夏文化中，最核心的應是宗教意義，主要是祖先崇拜的因素。為了祭祀先人不輟，就須不斷生育繁衍後代，而要保障後代綿延不絕，必然需要居所及一定的經濟力量方能達到。古人言：「不孝有三，無後為大。」之所以要延續家族血脈，是為了先人的意志不斷延伸，而為了達到這樣的可能，許多有關家的制度與規範相應出現，除卻父權意識形態較負面之處，基本皆是為了讓家能長久經營的方針。

　　相較於西方生態互動的說法，東方更強調為了讓家能長久經營，無論是在心理或是經濟方面，家都應成為家人強而有力的後盾。對華人來說，家庭自古以來皆是我們文化的基本單位，從周朝依照家族組成，設計出一套對人、事、政治都適用的禮樂制度，到先秦各派百家爭鳴、各國混戰之後，在漢朝對家庭甚為重視的「儒家」，被確立為文化政治的核心，至此東方文化就洋洋灑灑地開拓了綿延數千年的華人家族生活史與政治史。近代儒家學者方東美（2005）曾指出儒家是「時間人」（Time Man）的概念，進一步幫助我們可以理解華人傳統社會以「家」為樞紐，藉由「家」傳承生命，繁衍後嗣，生生不息。林安梧（1996）也說儒家是「以『家』理解這個世界，以『家』實踐這個世界。」家是華人界定自我位置，也是觀看外界最初的一扇窗，正是這扇窗決定了我們看世界的角度與方法。

　　之所以稱某一政權為「國家」，正是因為家是國之本，古人很早就理解家一旦出現問題，最終必然動搖國本，但在資源多樣化的現代，亦是如

此嗎？只要經濟、軍事在水平之上，國家不就會富足強盛嗎？強調家庭的價值，是否又是迂腐的家庭守護論點？

家之所以可以成立，源於家的基本單位：「夫與妻」當作起始方可，意味著進入「婚姻」之後方叫「成家」，家才能成立而展示，所以許多家的問題與狀況，也可以從兩人婚姻的情態可以察知一二。古人所言是虛是實，放於當代是否適用，可檢視目前臺灣的婚姻狀況及其所衍生的社會問題，或可見分曉。

第一節　家庭／國家危機 —— 臺灣社會婚姻狀況及其問題

現代的臺灣社會，因各種經濟、意識以及觀念的轉換，使得這幾十年來的家庭樣貌多有轉變，不只傳統式的大家庭不再，甚至連小型家庭的組成都受到了許多挑戰。不過我們不可能深入千千萬萬個家庭，去做費時費力的全面考察，還好「婚姻」作為家庭的起始，若可以藉由臺灣內政部戶政司等相關資料，看看目前臺灣婚姻的現況，便可大略探看家出現了什麼樣的變化與問題。底下將藉由臺灣目前初婚年齡、結婚率、離婚率、跨國婚姻及同性別婚姻等數據，來看目前婚姻的概況，並思考以此延伸出的社會經濟問題為何？讓我們來印證「國以家為本」的古人思維是否太過牽強。

一、臺灣婚姻概況

藉由內政部 2019 年相關的資料統計，發現了幾個比較指標性的婚姻變化，分別是：「初婚年齡提升、結婚率下降、近年離婚率呈相對穩定偏高狀態、跨國婚姻持平發展、相同性別婚姻出現。」

初婚年齡提升

近年來國人教育水平因為高等教育的普遍化，無論男女皆呈上升趨勢，在知識的加持下，女性得以從家庭的束縛中出來，讓女性經濟自主的比例愈來愈高，以此為基礎之男女平權等社會文化的改變，也使得女性初婚年齡相較於男性延後更多。據統計 2020 年男性平均初婚年齡 33.1 歲，女性30.9 歲，分別較 1981 年增加 5.5 歲及 6.9 歲，顯示國人晚婚趨勢明顯（行政院性別委員會，2019a）。

結婚率下降

結婚率下降這點也與近代經濟與文化因素息息相關，房價飆漲以及薪資的緩慢成長，讓結婚者的意願降低。另外自由的單身主義興盛，加以各式同居不婚的情況，以及現今常見的晚婚現象，甚至讓有些人乾脆獨身終老。據統計 2019 年結婚對數計 13 萬 4,524 對（不同性別結婚 131,585 對，相同性別 2,939 對），結婚率為近 10 年來最低（內政部，2020a）。

近年離婚率呈相對穩定偏高狀態

臺灣 2019 年離婚對數計 5 萬 4,346 對（不同性別離婚 54,236 對，相同性別 110 對），平均每小時有 6.2 對離婚，約每 5 對離婚者中就有 1 對夫妻一方為非本國籍。甚至在 2016 年臺灣的離婚率是亞洲第一，可能是傳統家庭價值崩壞之後，新型小家庭還未找到確定的核心基礎，讓無所適從以及方法缺乏的婚姻經營更顯惡化。婚齡結構中，以結婚未滿 5 年者占 34.6% 最多，亦為近 10 年比例最高。另外，婚齡 30 年以上離婚占比亦有逐年增加趨勢（內政部，2020b）。

跨國婚姻持平發展

臺灣與外籍及大陸、港澳地區人士結婚情形，以 1998 年占結婚總對數之 15.69% 逐年增加至 2003 年達 31.38% 之最高點，此後則逆轉遞減，

2015 年降至 12.79% 最低點後逐年回升，2019 年為 15.77%。與國人結婚之外籍與大陸、港澳配偶中，以地區別觀察，東南亞地區配偶 9,007 人（占 42.45%）最多，超越大陸地區配偶之 6,698 人（占 31.57%），東南亞地區又以越南聯姻為數最多（內政部，2020a）。

相同性別婚姻出現

2017 年 5 月 24 日「司法院釋字第 748 號解釋」表示現行《民法》未保障相同性別二人，得為經營共同生活之目的，成立具有親密性及排他性之永久結合關係已屬違憲，要求立法機關 2 年內完成相關法律之修正或制定。2018 年 11 月 24 日，中華民國全國性公民投票，其第 10 案（你是否同意民法婚姻規定應限定在一男一女的結合？）第 12 案（你是否同意以民法婚姻規定以外之其他形式來保障同性別二人經營永久共同生活的權益？）通過，相同性別婚姻故以修改《民法》以外的其他立法形式讓釋字第 748 號釋憲案得以實現。2019 年 2 月 20 日，行政院根據釋憲案及公投結果，提出《司法院釋字第 748 號解釋施行法》並經立法院三讀通過，於同年 5 月 24 日生效。依該法規定年滿 18 歲相同性別之二人，得為經營共同生活之目的，成立具有親密性及排他性之永久結合關係，向戶政機關辦理結婚登記。臺灣遂成為亞洲第一個同性婚姻合法化的國家。2019 年相同性別結婚登計 2,939 對，男性 928 對，女性 2,011 對，離婚 110 對（內政部，2020a）。

從上面的數據以及現象來說，臺灣近年來的婚姻現況，因為教育程度普遍提升，女性的知識、經濟地位上揚，使得晚婚甚至是不婚的現象大增，加上離婚率升高，特別是新婚 5 年內的離婚率最高，表示夫妻關係的經營出現問題。而跨國婚姻已趨穩定且大陸配偶人數低於東南亞人數，這群新住民就和臺灣歷史不同階段所出現的移民一樣，應是灌注本地多元文化的寶貴資產，並非社會的問題或負擔，以接待社會的觀點出發，我們更應予以正視與珍視（潘榮吉，2015）。臺灣在不斷走向世界的未來時，終將與更多族群及

其文化相遇，文化的整合絕非你死我活，而是相互學習、互相尊重。多元文化的精神，即是文化之間的相互尊重，承認「無關優劣，只是不同」，人們在各個社會不僅應該「共存」（co-exist），更應該「互存」（inter-exist）（潘榮吉，2006）。

綜合以上的情形，在臺灣婚姻的現況並不樂觀，除了外在經濟壓力的脅迫外，原因更可能來自夫妻在緊迫的生活中，關係經營出現問題，更導致了諸多社會問題的產生，其中最能動搖國本的，就是隨之而來的少子化問題。

二、黃髮 up 垂髫 down ── 少子化現象、高齡化社會

幾十年前小孩滿街跑的景象，近年愈來愈少，若居住於城市可能還無太大感覺，畢竟人口都往城市集中，但若是住在郊區或較鄉下的處所，往往只剩中老年人及少數隔代教養的孩子。少了孩子除了少了許多歡笑聲之外，還會產生什麼問題呢？

臺灣近年來國民的生育率逐年下降，於 1951 年平均每育齡婦女總生育人數達 7.04 人之歷史高峰後便走下坡，1984 年降為 2.06 人，首度低於人口替換水準之 2.1 人，2010 年更降至 1 人以下，為 0.90 人，其後波動升降，2018 年為 1.06 人。晚婚與少生，加上壽命持續延長，超高齡化將是難以阻止的高速火車。據統計 2017 年老人已經與小孩一樣多，而在沒有戰亂、大規模傳染疾病，或天災發生的前提下，推估 2030 年老人將是小孩的兩倍（薛承泰，2018）。

這樣的狀況，會帶來什麼後果呢？當一個社會的新生兒的出生率難以提升還不斷下探，加以現代健全的醫療讓老人的壽命不斷延長，長此以往，可運用的勞動人力將漸漸消退，剩餘不多的勞動人力必須要負擔許多老人的撫養，國家社會的經濟發展將在不遠的未來墮入深淵。少子化與高齡化問題即是國安危機，因而備受政府與專家學者們關切（楊文山，2012）。

生，不生，不只是個問題，更是個大問題

　　站在國家的角度，每個人都是公民，有可以享受的權利，當然也有應盡的責任。西方學者則對「公民身分」提出了包含公民權（rights）與責任（responsibilities）兩個項目的討論。所謂的公民權是一種權利（citizenship-as-rights），即是公民可以享受經濟、社會生活安全與平等，還有其他西方自由國家的人民基本權利；不過公民有此權利，也須有應盡的義務，比如積極去參與國家許多公共抑或是私人的事務，這即是所謂的公民責任（citizenship-as-responsibilities），權利與責任永遠皆是一體兩面。所以對於維持國家、社會的永續發展，公民的生育行為決策也應當被視為公民責任中的一項（引自楊文山，2012）。

　　這說明公民的婚姻及其後續的走向，並非完全是私領域的問題，在上述的主張下也成了國家社會的公領域議題。幸福的婚姻不僅帶來個人社會經濟安全的保障，對國家而言除了有穩定社會的作用外，另一重大貢獻是有機會養育健康的未來公民，讓文化與經濟能持續轉動。因此，近20年來在美國，婚姻再次成為政治關注的對象。從堅實婚姻研究中發現，穩定而滿意的婚姻對成年人與兒童發展都有正向的影響。

　　臺灣早在2003年制定了《家庭教育法》，首開全球家庭教育專法之先河，成為臺灣推動家庭教育相關工作之法律根據（江綺雯等，2020）。最新修正條文於2019年5月8日頒行，該法第1條開宗明義指《家庭教育法》的目的「為增進國民家庭生活知能、家人關係，健全家庭功能。」該法所稱家庭教育的定義與範圍，係指「具有增進家人關係與家庭功能之各種教育活動及服務」，其中自然也包括了婚姻教育。該法施行細則第14條中規定「直轄市、縣（市）主管機關應結合政府及民間資源，提供民眾四小時以上家庭教育課程，以培養正確之婚姻觀念，促進家庭美滿；必要時，得研訂獎勵措施，鼓勵民眾參加。」該法施行細則第7條「前項家庭教育課程得包括下列內容：(1) 婚姻意義、願景及承諾；(2) 解決婚姻及家庭問題之能力；(3) 經營婚姻及家庭生活相關資源之取得。」

　　教育部於 2019 年 8 月所告示「家庭教育法施行細則」修正草案，將原本家庭教育中的婚姻教育定義由原來「指增進夫妻關係之教育活動」，於修正草案則改爲「指增進婚前及婚後關係經營之教育活動及服務」，10 月份則再進一步說明是考量婚姻教育應同時強調婚前教育的重要，用婚前、婚後的關係經營來定義其範圍，將原本「指增進夫妻關係之教育活動」的內容，改以「指增進婚前及婚後關係經營之教育活動及服務」取代，目的是擴大家庭教育服務範圍。

　　如此看來，古人以家爲國本，是否迂腐之言呢？沒有家孕育出人，何來經濟、國防？沒有人的國，徒然等待滅亡而已。而在最新的監察院調查家庭政策與教育的報告依然提及臺灣傳統社會是以「家庭」爲本位，所謂「國之本在家」、「齊家、治國、平天下」，在在強調家庭爲國家富強安定的基礎。「家庭教育的目的即在於透過事先預防的觀念與教育策略，適切並及時地防範與因應家庭的困境，並同時促進個人與家庭的福祉。」（江綺雯等，2020）

第二節　預防重於治療 —— 婚姻教育

　　市面上有許多「第一次考試、投資、簡報」就上手的書，都是爲了能用快速、有系統、有觀點的方式，來方便準備接觸相關領域的人有基本的理解與方法，不至於眞的碰到時會手足無措。婚姻教育的意義也是如此，試問沒結過婚的人，會知道婚後將發生什麼事嗎？結婚後發生了某些事，懂得怎麼處理嗎？

　　回想你在開車上路前，是否需要準備筆試與路考，方能考到駕照？上路後，車輛是否需要定時回廠保養呢？婚姻的道理也是如此，結婚前如能補充足夠的關係經營知識，婚後能定期檢視並適時微調、修正彼此的關係問題，將能讓這輛婚姻之車運作無礙，兩人的親密之路方能走得更加順暢。

> 每個成功的婚姻背後都有共同的成功原因；而失敗的婚姻則有各自
> 的失敗原因。
>
> ～Leo Tolstoy

托爾斯泰這話看似點破了什麼天機，又似乎沒說什麼，其中最重要的點即是關係的「成功」，需要伴侶共同經營，而失敗永遠皆因各自為政。但共同經營要怎麼做呢？需要一整套相對應的方法，以及能夠靈活操作並教導給你的人。

姻緣天註定，婚姻靠經營。婚姻教育即是教導我們在婚前、婚後甚至是離婚時，如何去面對問題、理解對方並推進或結束彼此的關係。婚姻經營絕非易事，來自兩個不同背景的人要一起生活，有許多的生活習慣及價值信念需要磨合，當人們感到相處疲乏心生去意時，再尋求專業協助通常為時已晚。相較於傳統婚姻中的男女婚配以及經濟、知識、地位的差別，現代更多強調自由的選擇以及相處的舒適度。Powell 及 Cassidy 指出，學者 Burgess 在 1940 年代末期即發現美國婚姻制度已經開始出現變革，提出友伴婚姻的概念以與傳統婚姻作為對照，維繫友伴婚姻的力量主要來自兩人內部關係，包括親密、信任、共同決策，以及彈性角色。反觀傳統婚姻的維繫力量來自於規範，大多是婚姻以外的力量（馬永年，2008）。

但婚姻觀的改變卻帶來婚姻關係脆弱，因為婚姻的外在規範力喪失後，人們經營關係的能力並沒有相對提升，親密關係沒有得到滿足，最終將導致離婚收場。對於父母離異的弱勢年輕人而言，看不到父母經營婚姻的榜樣，他們對婚姻產生不信任感而出現恐婚現象，即使進入婚姻也易出現離婚的惡性循環。

婚姻教育就是為了讓現在與未來的夫妻能夠習得經營的技能，對象當然包括了準備戀愛的人、戀愛中的人、將婚及婚後等，讓他們能避免諸多因負面婚姻帶來的影響。雖然可能無法快速地第一次就上手，但在學習的過程中，希望讓關係化險為夷，甚而接近我們想像中的平靜與美滿。

那麼婚姻教育的目標以及不同的階段有哪些呢？

一、前進婚姻，婚姻前進 ── 婚姻教育的目標與類別

婚姻教育的定義和目標

在現代社會中，各領域的專業人士以及一般社會大眾，對於婚姻議題都有高度興趣。家庭就是社會的核心，婚姻關係的穩定與否，還有家中親子關係的優劣，對於社會的維持、秩序與發展皆是不可或缺的基石，故在臺灣婚姻教育的推動，可說刻不容緩。Larson（2004）認為婚姻教育的目的，即是強化婚姻成為一個國家的基礎制度，且將婚姻教育廣義定義為包含預防及補救婚姻關係的方案，還有提供婚姻增能的支持團體。依 Stahmann 與 Salts（1993）早期對婚姻教育目標的界定，是指增進伴侶／夫妻（couple）和家庭的穩定與滿意，並改善伴侶／夫妻及家庭關係之品質，基本上亦包含婚前與婚後各項教育活動（潘榮吉，2020a）。

婚姻教育的類別

Stahmann 與 Salts（1993）將婚姻教育分為三大類別：

1. 一般婚姻預備教育（general marriage preparation programs）

實施對象主要為尚未有固定對象的高中生及大學生，目標在於教導婚姻有關的知識，開發人際關係經營技巧及婚姻角色的態度價值。

2. 婚前輔導方案（premarital counseling programs）

婚前的輔導目標，主要是增加與提升將結婚的伴侶維持長期婚姻關係之各項能力。Halford（2004）等人所做出的各項統計以及研究指出，婚前教育能有效地促進婚姻的品質及穩定，對於婚姻關係有巨大的影響力。

3. 增能方案（enrichment programs）

　　許多實證研究證明，有參與此種增能方案的夫妻伴侶，明確能改善其婚姻關係，這也是近三、四十年來發展最快，效果也較顯著的婚姻教育方案。Halford（2011）指出增能方案提供結構性的學習經驗，幫助夫妻雙方發展有助於關係維持的知識、態度與技巧。Hawkins 等人（2008）則認為婚姻教育方案內容包含兩大部分：第一是發展出更好的溝通與衝突處理技巧，來維持健康、穩定的親密關係，諸如學習傾聽技巧，以及減少情緒性的批評、謾罵與輕蔑；第二為教授與婚姻品質相關的知識，例如財務管理、期待、承諾、饒恕等。增能方案大多最重視的都是溝通議題。簡言之，此類以增進、維持關係的技巧知識為核心的婚姻教育方案，就是現今最大亦最主要的婚姻教育形式（潘榮吉，2020a）。

　　婚姻教育的對象並非是婚姻關係極度緊張的夫妻，反倒是關係相對仍穩定滿意，抑或遇到一些困難導致關係緊張的夫妻伴侶，希望藉由婚姻教育讓彼此的關係強化穩固（empower），促進關係中的豐富美好（enrich），改善差異帶來的衝突，來提升夫妻婚姻關係中承諾及健全的互動模式。婚姻關係極度緊張的夫妻，需要的是專業的婚姻諮商或婚姻治療。以介入性婚姻活動的光譜而言，即「婚姻教育－婚姻輔導－婚姻諮商－婚姻治療」，「婚姻教育」是屬初期預防的措施。所以婚姻教育相對於婚姻治療與婚姻諮商不只較便宜，也較不會被標籤化與汙名化（Petty, 2007），特別對有家醜不能外揚包袱的亞洲人來說更是如此（Huang, 2005）。

　　筆者多年來在課堂上課，每每都會向台下的芸芸同學提出問題：「你們是否期待未來有個幸福美滿的婚姻？」大約都有超過半數的同學舉手，不過當我問及他們是否覺得有自信與能力，去創造與經營一段快樂穩定的婚姻時，舉手的同學便大幅下降。有願望卻無自信，顯示了大學生渴望擁有幸福的婚姻關係，但他們不知自己是否有這個可能性。目前臺灣應幫助適婚者、已婚者有更多學習婚姻經營的機會與方法，特別是在現今臺灣婚姻與家庭逐漸形成的多元樣貌，不論政府、各式民間團體以及不同的學校層級，思

考如何具體進行婚姻教育，提升並對大眾揭示婚姻的價值及其重要性，是現在與未來的重要課題。

二、培訓婚姻與家庭教育專業人員 —— 服務學習法門

其實最刻不容緩的，不僅是婚姻教育內涵如何，而是找出可以傳授婚姻教育的人，正確來說，更是如何「培養」出可以傳授婚姻教育的專業人員。而根據「家庭教育專業人員資格遴選及培訓辦法」，家庭教育專業人員是指經家庭教育專業訓練，具有家庭教育專業知能，從事增進家人關係與家庭功能各種教育活動之專業工作者（潘榮吉，2007）。

就像少子化將造成未來勞動人口不足，帶來國家經濟的危機，如果沒有培養出可進行婚姻教育的專業人員，那麼婚姻教育的推動也勢難推行，無足夠的教育人員，想當然地，急迫需要婚姻經營的人們，亦無管道獲得，惡性的婚姻循環也將繼續。當務之急，是運用資源來培養出婚姻／家庭教育的專業人員，將他們散入社會之中，方能有效的推進婚姻教育。

前面已介紹了婚姻教育的目標與方案，但究竟要運用什麼方式，才能訓練出可適當執行這些目標與方案的專業人員呢？筆者在多年的教學實踐過程中發現，「服務學習」作為一種教學法，可在此時發揮巨大的功效。回顧教學生涯近 20 年，筆者結合服務學習融入式教學法的專業課程逾 50 個計畫，與婚姻教育直接相關的計畫約有 20 個，主持教育部三年社區創新計畫「推動服務學習型家庭」，並在各大專院校及教育部青年署種籽學生、種籽教師、單位主管服務學習培訓場合進行逾 50 場培訓工作的經驗反思中，深信服務學習的教學模式可以帶領學生從事專業服務，亦能從中提升學生的專業知能，進而能認識到未來工作服務族群的不同屬性，有助於學生專業知識與態度的養成（潘榮吉，2010）。

知識、服務、經驗與反思——服務學習教學法

　　「服務學習」是一種經驗教育，主要源自 Dewey、Lewin、Piaget 及 Kolb 等人強調經驗學習的教育理論。Dewey 認為學習須與生活經驗相結合，而教育是經驗持續的再建構過程。正式或非正式的社會機構，都能提供教育機會，在自然、真實社會情境中學到的知識和技能最能應用，其經驗最能促發學生批判思考能力。教師應與社區所有類型的機構互動，提供適合學生需要的社會資源，以促進學生人格的發展（Eyler & Giles, 1999）。服務學習最早期的定義，即同時完成滿足人類真正需求和達到教育目標的任務，重點是為學生們安排與社區服務、社區發展和社會變遷等相關的學習機會（童小軍等譯，2013）。Kendall 則認為：「一個好的服務學習項目會幫助實踐參與者從更廣闊的社會公正和社會政策的視角，而不只是從慈善的視角來看與他們的（服務）相關的問題的。」（童小軍等譯，2013）

　　服務學習的學習者是帶有學習目的，去融入社會服務（public service）或社區參與（community engagement）的經驗教育（experiential education）；以社區的需求為主，學習者運用自己的專業去服務社區，教學者須有系統地設計與鼓勵學生在服務學習過程中，能夠批判性地反思在社會上的特別權力（privilege）或不公平，並從中培養主動學習、付諸行動、公民參與的能力。學習者透過與社區中的夥伴省思的歷程，達到上述服務學習的目標（潘榮吉等，2016）。

　　Howard 認為學校要執行服務學習的方案時，就應設計成專業服務學習型課程（Academic Service-Learning），即是一種刻意整合專業學習及相關社會服務的教學模式，其中包含四個重要元素（Rhoads & Howard, 1998）：

1. 專業服務學習是一種教育模式，尤指一種教學方法。

2. 專業服務學習的目標為利用社區導向學習以提升專業學習，並藉由專業學習達成社會服務。

3. 它是兩種學習方式的結合：經驗與專業。

4. 社會服務的經驗必須與該專業課程直接相關。

換句話說，融入式服務學習的專業課程與傳統課堂學習存在著一些根本的差異：教師協助學生適當地將專業知識應用於服務行動中，並使學生具備從社會服務中汲取意義的能力，明顯有別於傳統上學生所扮演之知識接受者的角色。因此，服務學習的精神在於服務者結合專業所學，提供較佳的服務品質，以滿足他人或社區所需要的幫助，不僅他人或社區得到協助，且服務者在服務他人的過程中，專業知能和內在人格面向的學習亦能獲得增長與轉化，以達成專業服務（Academic Service）及專業學習（Academic Learning）的雙重目標（潘榮吉，2011）。

服務學習的核心特質

根據黃玉所綜合服務學習方案應具備的核心特質，整理其五項特質如下（徐明等，2008）：

1. 協同合作（Collaboration）

代表服務與被服務者雙方平等、互利，在合作過程中共同分享、分擔責任和權利、努力與成果。例如大學系所與中學輔導室及各班導師的合作等。

2. 互惠（Reciprocity）

雙方同時扮演教導者與學習者的角色，社會正義為觀點的服務學習是協同合作與互惠特質的最好說明。例如大學生設計教學情境，提供專業知識給中學生，中學生藉由互動回饋讓專業系所學生更加明瞭青春期階段學生情感之需求與困境，此「互惠」特質亦是服務學習與一般志願服務關鍵的區別所在。

3. 多元差異（Diversity）

一方面指被服務者含括多元族群、不同年齡、社經背景、性別、區域等，如此服務者與被服務者均有機會接觸與自己背景、經驗不同的人，服務者在服務中挑戰自己既有的刻板印象、偏見，學習了解並尊重別人的差異，進一步帶來觀念的轉變與自我的成長。另一方面，多元也意指學生可以

依各自的興趣、能力、需求有彈性地選擇服務機構、安排服務方式與時間等，讓學生能充分應用他們的能力。

4. 學習為基礎（Learning-Based）

經驗學習是服務學習最重要的理論基礎。Kolb 提出的經驗學習週期，可完整說明學習者是如何將經驗轉化為新觀念，然後再次將新觀念運用於實境，產生新經驗。從具體經驗接觸中，透過反思去觀察、體會自己的實際經驗，再經由反思中悟出新的原理、觀念，接著應用新觀念於新的具體經驗中。反思是經驗學習最重要的一環，因單單只有經驗不會自動產生學習，唯有經過結構化的反思才能將經驗轉化為學習。

5. 社會正義為焦點（Social Justice Focus）

社會正義為觀點的服務學習強調提升被服務者的自信心及能力感，一旦被服務者看到自己的能力與資產，便能產生自信心從而探討問題的成因，可以和服務者一同站起來改造社會體制，追求社會正義。

整個服務學習的過程都必須立基在這五個核心特質上。

五元素、四反思、三協作

Fertmam 以及 White 與 White 指出，「服務學習」具體的執行方式基本上包含四加一個基本元素：「準備、服務、反思、慶賀」（徐明等，2008）。另一元素是根據筆者本人多年教學實踐經驗加入的「評量／傳承」，使服務學習運作更加完備。

準備的重點在於強調「服務學習」及預期學習成果的連結性。

服務強調活動必須富含意義性及價值性，並非僅是為服務而服務。

反思是區隔服務學習及志工服務的另一重要關鍵所在。服務學習須透過反思方能達成教學目標，學生也因此能整合服務活動與學科專業的學習及評價。

慶賀是學生分享服務的歷程、學習成長及實踐成果的階段，同時也是能

汲取社區聲音（voice of community），即被服務者回饋的好時機。

評量／傳承是服務學習歷程的最後，即是學習者將所有的經驗進行評估與反思，試圖更全面與同理地重新修改自身服務學習的方式與設計，經課堂共同討論評估，彙整經驗知識以傳遞給下一位去進行服務學習的人。

而這五個步驟會形成一個循環，在最後的評量／傳承中，培訓者藉由被服務者的回饋，吸取經驗與教訓，讓下一次的準備更加周全與完備。然而每一個步驟也可能都是起點，重要的是完成全部的流程才算是完整的服務學習模式（圖 1-1）。

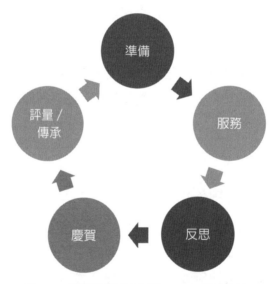

圖 1-1　服務學習五步驟──完整的循環

五步驟中其實最關鍵的是「反思」的環節，學習者對於服務項目、對象、執行方式、自我認知等在服務學習的過程中，皆會面臨到許多問題與挑戰，學習者反思的深度與廣度，以及對自我心理與他人處境的思考，是讓學習者人格、經驗與專業知識能大幅成長的關鍵之處。基本上無論面對哪種層面的挑戰，反思都可以四個 F 來進行（圖 1-2）：

Facts：面對真實的客觀情境或事件為何？

Feelings：面對這個事實的個人感受是什麼？

Findings：自我察覺感受背後的想法並思考尋找解決的方式為何？

Futures：未來修正的可能性以及願景為何？

圖 1-2　四 F 反思圖

　　這個教學方式，用來培養婚姻教育的專業人員，將能夠兼顧專業、知識、經驗以及後續的調整，雖不敢說培養出的人才具有全面性，但在不斷的服務反思過程所獲得的，將可以在教導學員時更能適切的理解與解決問題。且婚姻教育專業人員，應該要能在真正的情境與環境中，運用自己習得的方法，面對不同對象去進行磨練與調整，百鍊成鋼，方能出師。

　　教育與傳遞的對象是活生生的人，專業人員應當在人與人複雜的關係之中，去抽絲剝繭、深刻體會，這不只是對服務或教育對象的尊重，更會加強專業人員的心理素質，以及帶動各方面的成長。專業人員必須夠強大，並站在服務對象的立場去思考，婚姻教育才能真的推動開來。然而服務學習的方法，就能讓培訓的專業人員有具體施作的場域、面對不同對象，並在每一次出發前都能做足功課，現場執行之後，又能回頭反思，讓專業人員不斷真刀真槍上陣，使所有的知識與經驗都能藉由這些步驟，深深地刻入他們的思維與靈魂。

　　在這個教學法中，筆者將帶著未來的婚姻家庭教育專業人員／「學生」（Student），依著「學校／系所」（Faculty）的課程目標，配合「社區／機構」（Community/Agency）的需求進入服務，形成一個協作、互惠、反思、調整的鐵三角（圖 1-3），此處特別強調的是，要讓學生帶著學校學習到的專業，去解決社區的需求問題。在服務的過程中，學生將體驗到溝通的難度與意義，若沒有足夠的心理準備與預期，服務就會流於表面；在長時間的服

務過程中,對於自我、服務對象接觸前後個人心態的轉換,以及對於此次服務學習方案優缺的各種反思,將成為學習的重點核心。後續在社區中如何能夠延續服務的思維與方案,都足以讓學習者能夠大幅成長,然後把這些經驗帶回系所,後續的服務學習也讓社區持續增能。

圖 1-3　服務學習金三角──平衡與多贏的思維

服務學習的溝通之橋

在與服務合作夥伴(社區機構)的互動過程,搭配服務學習的基本要素會出現四個步驟(圖 1-4):

For:在準備階段,學習者必須理解社區的真實需求,並非自以為是的幫助,要投其所好,以滿足被服務者的需求為前提。

To:服務的過程中,離開原本的舒適圈,必然要親身到當地去體驗與學習。

In:服務並非一朝一夕,需要長時間的相伴與蹲點,方能獲得真實且多面向的經驗。

With：如何讓被服務的對象和自己成爲夥伴關係，並且能藉由反思、回饋、評量的方式，加強自我以及與被服務的對象共同成長，這才是重點。

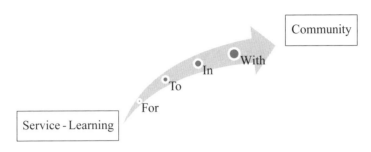

圖 1-4　服務學習與社區關係圖

在種種溝通的過程中，這些未來的專業人員，將會在溝通中運用到許多婚姻教育理論的內容，比如有效溝通和衝突差異的處理，但這些都需要運用創意的思維來呈現或傳遞給被服務／被教育的對象，並非鐵板一塊的操作。故本書將針對不同的婚姻教育階段（交友約會、戀愛擇偶、婚姻調適與經營），依照需要的理論做出各類不同的教案設計，以因應各階段發展任務的不同挑戰。

因我們面對的是人，人有各種可能性也有各種心理禁區，所以服務者／教育者須想方設法，盡可能地引出學習者／被服務者的心聲與潛能，而引出的心聲與潛能也可能反過來教育服務者，服務學習最重要的就是在不斷的交流中「做中學」。

根據 Edgar Dale 的經驗金字塔及緬因州研究發展出的學習金字塔理論，課堂上聽講的學習只能帶來極低比例（5%）的學習成效；做中學的教學，學生可達 75% 的保留率；最有效的學習是將所學內容去教授他人，如此學習者將可以掌握 90% 的保留率。因此採取學生中心取向的教學方法，學生課後記憶率愈多（符碧眞，2007）。服務學習「做中學」的模式正符合經驗金字塔及學習金字塔理論。

未來婚姻教育的專業人員，如此走過一遭，才能在知識、經驗、自我與

他人之間，取得眞實且寶貴的運作與磨合過程，得以成爲眞正的婚姻教育種子，慢慢往學習金字塔的底層前進，帶著正確且有彈性的思維，推動婚姻教育在臺灣四處扎根。

　　基於服務學習教學法能帶來的諸多益處，接下來的各章都是具體服務學習後的成品，每個教案設計與案例回饋背後，都有相關的理論基礎與經驗在支撐，未來的章節筆者將具體使用這個教學法，融入到婚姻教育培訓課程中。

第三節　本書主旨

　　本書名爲《乒乓雙人舞——婚姻教育的理念與實踐》，副標說明了本書主旨即是筆者多年來從事婚姻家庭教育的方法與心得，希望藉由這些過程與設計，能培訓出許許多多婚姻教育的專業人員，讓他們開枝散葉，一起守護臺灣的婚姻家庭關係。

　　那麼「乒乓雙人舞」呢？

　　乒乓球是筆者熱愛的運動，亦曾榮獲全國大專院校教職員杯桌球錦標賽一級主管組雙打殿軍、季軍。乒乓球需要「兩人」一起方能進行訓練或比賽，十幾年的乒乓學習之旅，筆者深知如果沒有堅實的基本功，必定不會有愉悅的比賽。在練習時，你的「隊友」必須先從最簡單的餵球給你開始，以直球的方式調整各個位置讓你移動接球，讓你的眼手腳能得到第一步的協調與韻律。

　　接著進階訓練，隊友會開始餵你「尖酸刁鑽」的切球、「虛無飄渺」的旋球以及「霸氣十足」的殺球，都需要好好的接住並打回去，過程中會有漏球、失誤，也會讓人灰心、憤怒或興奮，不過只要透過持續不斷練習，就可以逢球化吉，愈打愈順。當兩人默契愈來愈好時，球的一來一往之間，兩人揮拍踏步相互配合，彷若一場雙人舞蹈，令人賞心悅目。

　　婚姻中夫妻互動不也像極了球場上的兩人，在溝通的過程中有時出現直來直往的話語，也會有吵架時尖酸刻薄的諷刺，或是兩人抓不到頭緒、沒有交集的對話，更有傷害性強的暴力語言。兩人有時是隊友、有時是敵手，但若兩人能減少成為敵手的機率、增加互為隊友的頻率，互動起來必定更愉悅，那麼在婚姻的路上，就可跳出令人稱羨的雙人舞步。

　　乒乓球比賽時，兩人有時也會成為同一方的隊友，面對外來的對手，更是必須捍衛主場，取得勝利；婚姻也是如此，面對外來的威脅、誘惑，兩人該如何同心協力透過溝通去捍衛自己的婚姻，也是相仿的。正如乒乓球場上雙人一起前後左右揮拍迎擊，每對夫妻也將跳出屬於他們婚姻獨一無二的圓舞曲吧。

各章簡說

　　本書內容以家庭教育中的婚姻教育為主，各章會依照不同的婚姻階段與需求，設定教學以及服務的對象。第一章緒論簡要回顧東西方對「家」的理解並闡述臺灣社會婚姻狀況、介紹預防性的婚姻教育及服務學習的教學法；第二、三章皆會先有相應的各種理論說明，接著會有依照理論以及實際需求設計的教案，最後放置教學個案的自評回饋。第四章因介紹具體的婚姻增能方案及其操作方式，所以編寫上會稍有不同，不過儘量以每章都能兼顧**理論**、**設計**、**實作**與**評量**的全面性，讓讀者能夠對婚姻教育的輪廓有大致的理解與體會。結語部分將分享筆者近 20 年來從事婚姻教育的一些想法、成效，以及未來希望能擴及社會各個層面的願景。底下大略分述各章簡介，以及不同課程面對的學習對象、服務對象及可能需要熟讀的理論。

第二章　愛情來了嗎？愛情判斷與相處界線（情感教育）

　　青少年可以有智慧的「愛」與「被愛」，因為幸福可以「學習」也需要「預備」。在愛情來之前或是之後，要能辨別自己的內在狀態以及性別可能會有的差異。

　　本章是屬於婚前教育，是針對青少年對於愛情的認知與判斷、後續戀愛的經營方式，以及心靈與身體界線的設定。主要的學習對象是大三的學生，而其服務實作的對象則是國三生，在本章需要學習的理論與操作是「愛的三要素」、「真愛與迷戀」、「約會與分手的藝術」、「性的界線」四大主題相關的內容。

第三章　心的距離——面對差異與衝突（婚前教育）

　　人與人之間因為差異的生命經驗，產生了距離，這些差異可能來自於天生性別、性向、原生家庭的影響等，本章以此為探討差異的起點，深入理解性別與原生家庭如何形塑個人。若想要發展健全的自我，並與伴侶維持良好關係，就必須先探究自我的內在是如何構成，又有哪些快樂與創痛之處，搭配上具體的改變方案，兩人的未來才能更契合。

　　本章亦屬婚前教育，在明白自我與原生家庭的關係後，就須對在這關係中潛藏的各種問題進行掃雷與拆雷的動作，這些問題會相應地出現各式情緒，我們就要學習如何處理這些情緒，幫助自我在面對他人與伴侶時，能自主地覺察與控制情緒，並學會在平常就增進情感的技巧等。

　　主要的學習對象是大四的學生，服務實作的對象則是大一新生，在本章需要學習的理論與操作是「男女差異」、「原生家庭」、「情緒智慧」、「愛的語言與表達」四大主題相關的內容。

第四章　雙人舞：婚姻的經營（婚姻教育）

　　傾聽就是愛的具體表現，相互了解與陪伴，才能加溫與修復關係。婚姻美滿就是在日常生活中找到一種方法，不讓自己對另一半的不滿超過愛意。

　　本章屬於婚後教育，針對真實的夫妻伴侶進行，主要運用親密之旅的理論與方法，來對夫妻關係中可能會出現的各式問題，做出理解以及調整，運用「親密之旅」十二堂課的整體思維，幫助夫妻互相了解、溝通，重新打造一套經營夫妻關係的思維與行動。

　　主要的學習對象是研究所學生，服務實作的對象則是社區中的夫妻，在本章需要學習的理論與操作是以「親密之旅──情感智慧的自我成長課程」為核心的內容。

第五章　結語：婚姻家庭教育近20年的實踐之路

　　一個人堅持一件事，究竟可以走多遠？一群人做一件事，究竟可以有多少影響？

　　本章是筆者從事服務學習、家庭、婚姻教育多年的一些想法與心得，同時說明了這些年來所做的成果如何，亦思考在本書中婚姻教育的方式與方法，能否擴及到其他家人，甚至是其他家庭？筆者認為是相當大的契機！家庭也應是服務學習的場域，亦能將這樣的精神跟教育擴展到家和家之間，若家家都好，那麼社會也會好，社會好則國家會更好。

第 2 章

愛情來了嗎？
愛情判斷與相處界線

愛情的標誌，就是願意與愛人共享不幸。
而愛情的危險也正寓伏在它的崇高之中。
它可以聖化一切行為，讓身在其中的人，
敢於去做他們原不敢做的事。
～C. S. Lewis

引言：愛情需要教育？

女孩與男孩的故事

從前有一位國中女孩小倩，整天沉浸在各式各樣的愛情輕小說中，幻想著某日必會有個真命天子周圍散發著七色彩光，走進她的世界之中共譜戀曲。某日，某個男孩阿強轉到小倩班上，高大強健的外型，開朗的笑臉，馬上擄獲了小倩的心，正巧阿強也注意到了這位情竇初開的清秀女孩，很快地就向小倩表達心意，兩人便陷入熱戀，一時密不可分，如膠似漆。

好日子沒過多久，小倩發現阿強喜歡到處與其他異性往來，甚至對話還甚有曖昧，每每問起，阿強只會說小倩想多了，問多了阿強便會大發雷霆說小倩不信任自己，小倩只好不了了之。這天阿強說要給小倩一個驚喜，要跟她約在自己家中，小倩滿心期待，準時到達，敲了敲門，只見阿強獨自一人來開門，沒說幾句便將小倩拉到自己的房間中，問小倩是否願意完全變成他的女人，小倩還沒意會過來已被阿強強拉至胸前抱住，甚至開始拉扯她的衣物，小倩一陣驚慌，大聲尖叫，阿強卻沒有停止動作。

然後？大家都知道然後，事件發生過後，小倩也不敢告訴他人，但阿強卻漸漸疏離她，直到有天小倩因為身體不適就醫，才發現原來已懷孕多日，聯絡阿強卻只得到冷冷回應叫她拿掉……

數學需要公式，情感需要教育

這樣的故事，發生在許多社會角落，大多數人都會檢討說女孩應該要保護自己，男人就是用性慾思考的動物等等論調，但這些說法都模糊了焦點，問題不在於這樣的事為什麼會發生，而是為何會一再發生？

教育是為了讓人提升自我、增進知識、避免錯誤，但社會將教育限縮到學科的範圍，忘卻了情感的處理與後續的行為亦是需要經過教育，才能讓人做好各種面對情感問題的方案與思考，特別是人類對於「愛」此一情感的需

求如此強烈，更是需要細細探究，好好準備，不讓各種源自於愛的初衷最後變爲烈焰焚身的下場。

臺灣政府在面對這些問題上，爲了對應兩性之間的關係判斷與經營，於 2004 年 6 月 23 日公布了《性別平等教育法》，此法的主要立法目的爲「促進性別地位之實質平等，消除性別歧視，維護人格尊嚴，厚植並建立性別平等之教育資源與環境。」而現在《性別平等教育法》不只保障了男女兩性的性別平等，更多包括了不同性別、性傾向、性別認同、性別氣質的平等權利，並規定小學、中學與高教都必須有相關的課程與研究，進一步從「兩性教育」推到「性別教育」。而在實施細則中的第 13 條提及：「性別平等教育相關課程，應涵蓋情感教育、性教育、同志教育等課程，以提升學生之性別平等意識。」不過近年來對於個人主體性以及情感的重視，將第 13 條中的「情感教育」，漸漸往上提升成爲主要的教育核心，《性平法》亦爲情感教育做出了法源基礎。近年一步步地從只單純思考男性女性（兩性）的差異，到尊重不同「性別」認同的多元思維，走到關注每個個體內心的情感問題，由外到內的進程，象徵了文化的發展以及對個體漸趨尊重的走向。

本章將針對青少年著手，即是對於兩性關係發展開始出現濃厚興趣的時期。按照發展心理學，青少年爲青年期的前段（early adolescence），此時無論男女個體在其生理上的性徵逐漸成熟，即所謂的青春期，而這段生理成熟但心理、理智狀態尚未完備的過程，最易出現情感上的衝動行爲（張春興，2013）。此時期青少年生理的成熟亦會導致他們對於兩性、人際關係的積極探索，是故如何幫助青少年去面對自我與他人關係的挫折與發展，就是近年來推廣的「情感教育」之核心。

情感教育廣義來說，舉凡愛情、親情、友情、信念等等的教育行爲都在其範圍之內，而狹義則是直接指「愛情」關係處理的教育。學習如何面對自己所產生的情感，並在情感中遭遇到各種狀況時的處理步驟與方式，以及自我與他人在這些情感中交流的經營與判斷等，都是情感教育的重點。

不可否認地，對青少年而言，因自己身體的發展與荷爾蒙的分泌，

「愛情」可說是他們最想探索的情感，特別是在國中階段，孩子脫離了國小的懵懂，身體也正在發展出各式各樣的性徵，自然而然地會想開始探索身體，加上愛情對他們的吸引力，一不小心即會溢出界線。若無人教導與幫助他們去認識愛情的判斷、界線、經營與挫折，小倩與阿強的故事只會一再發生，教育者有責任教與他們各種愛情的可能以及處理的方法。對於家庭、婚姻教育人員來說，青少年的愛情教育，應被視為婚前教育的一環，畢竟他們受眾多媒體混淆的資訊，和各方錯雜的親密關係訊息，還有社會普遍離婚現象的負向影響之下，如不將愛情教育置入其課程中，將可能影響他們日後對於親密關係的思維。

　　一個完全不會用槍的人上戰場，他有存活的機會嗎？如果答案是否定的，那麼就要讓青少年相信可以有智慧的「愛」與「被愛」，因為愛可以「學習」，關係經營則需要提早「預備」，人人皆有能力創造屬於自己未來的「幸福」。

　　底下精選了對愛情最主要的四個主題：**愛的三要素、真愛與迷戀、約會與分手的藝術、性的界線**，試著讓國中的孩子們得到探索與前進愛情的工具，讓他們明白一段健康的親密關係應當是：「沒有你我也可以過得很好，但你的存在讓我感到更幸福。」

第一節　愛情四主題

一、愛情的模樣──愛的三要素

　　愛是什麼？上古以來人人皆問，難有定論，還好近代心理學以及社會行為科學發展快速，各種質性與量化的實驗、案例以及數據，至少可探究出些許可能的選項，讓落入情網的芸芸眾生有個參考的依據，特別是生理成熟但心理尚未完備，躍躍欲試想初嘗愛果滋味的青年學子，更需要有個分析與辨別「愛情模樣」的步驟與方法。

　　每個情感的出現，都在於個體自身的經歷以及與他人相處的關係性中被激發，特別是在兩方時而激烈、時而溫柔的對視與接觸中，所生發出來的「愛情」，到底要從哪些面向去理解？要拆解愛情中的狀態與關係，必須先看看它可能的「成分」。耶魯大學的心理學教授 Sternberg（1986）在他長期對於愛情及其行為狀態的研究後，提出了愛情的「三要素」理論（又稱愛情三因論），這三大要素分別是**「親密」**（**intimacy**）、**「激情」**（**passion**）、**「承諾」**（**commitment**）。

　　「親密」是指兩人可互相分享所有的思想和行為的感覺，是因著溝通、互動、心與心交流，彼此有深刻的認識而產生的親近、連結、相知、相惜、信賴、安全的感情，屬於兩人關係的**情感向度**；**「激情」**則是對某人的身體吸引力及性慾，大多指雙方關係令人興奮的部分，包含強烈的吸引力，想更多認識、更多接觸對方，亦包含浪漫的感覺、外表的吸引力、身體的親密以及性等等，屬於兩人關係的**動機向度**；**「承諾」**是指願意並有能力在長時間及危機情形下維持關係，包括開始決定愛一個人，和長期的與對方相守的意願及決定，會為彼此的關係負責，一起面對未來，願意犧牲、奉獻，經營愛的關係，屬於兩人關係的**認知向度**（王以仁，2010）。

　　根據三種要素的搭配，可組合出表 2-1 所列的幾種主要的**「愛情的樣貌」**：

表 2-1　愛情三要素各種組合所形成的愛情樣貌

1. 無愛 （nonlove）	三種要素均無的愛稱為「無愛」，例如日常生活中單純且暫時的互動。
2. 喜歡的愛情 （Liking/friendship）	只有親密的情感關係，沒有激情跟承諾。這種包括的是友情或是熟人之間的情感狀態。
3. 迷戀的愛情 （Infatuated love）	主要就是激情，沒有親密跟承諾，一見鍾情泰半是這種型態。

4. 空洞的愛情 （Empty love）	只有承諾，沒有親密與激情。這種狀態在青少年比較少見，多見於成人因為特定政治、經濟等外部要素結合的配偶，或華人傳統社會中的老夫老妻。
5. 浪漫式愛情 （Romantic love）	為激情和親密的搭配，但沒有承諾，強烈的生理吸引待日子一久，就歸於無有。
6. 友伴的愛情 （Companionate love）	為親密和承諾的搭配，但沒有激情。這種關係比友情多一些，有點類似關係緊密的家庭成員之愛。
7. 虛幻的愛情 （Fatuous love）	為激情與承諾的搭配，但沒有親密，承諾建立在瘋狂的激情上，卻沒有時間來培養感情的交流。
8. 完整的愛情 （Consummate love）	三種要素完美的搭配，是人們希望的理想愛情狀態。

資料來源：葉肅科（2012）。**一樣的婚姻多樣的家庭**。臺北市：學富文化。

這些混搭的愛情可以用簡要的圖表來表示（圖 2-1）：

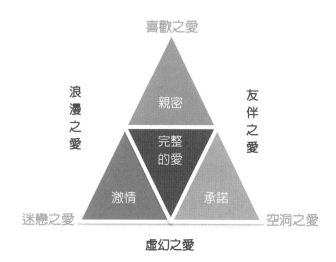

圖 2-1　愛情三要素各種組合所形成的愛情樣貌

此搭配表可幫助青少年初步分析自己的愛情現狀，或是希冀的愛情是哪一種？教導者還能在青少年自我分析之後，去說明每種對應的愛情背後的可

能後果是什麼，讓青少年們自己思維與評估，達到未雨綢繆的教育效果。Sternberg 也坦言要創造或尋找到完整的愛相當困難，對青少年來說，此一階段的情感教育，主要是學習與思考如何建立健康的兩性關係，對其日後的價值觀以及人際關係皆有巨大影響。

二、神魂顛倒的瘋狂：迷戀／真愛

愛情理論百百種，這種人類謎樣的情感，引起了許多學者的深思與興趣，另一位英國婚姻諮商專家，Andrew G. Marshall（林劭貞譯，2011）也對戀愛的狀態與演變，提出了三個階段：迷戀（limerence）、依附的愛（loving attachment）以及情感關注（affectionate regard）。其中的「迷戀」，Marshall 認為是戀愛的初期階段，是青少年較易出現的狂迷某對象或一見鍾情的現象，他對此做出了比較詳盡與生動的描述，適合補充給青少年參考。迷戀階段的主要特色如下：

1. 侵入性的思緒，無法停止對心儀對象的想念。
2. 飄飄然，與心儀對象互動，會有如漫步在雲端的感覺。
3. 心理敏感，對於任何能被解讀為「對方對我有意思」的行動或想法特別敏感。
4. 完全無法在同一時間對他人有興趣。
5. 有心儀對象出現的場合，害怕被拒絕並出現不安的羞怯情緒。
6. 所有其他的考量都退居幕後、不重要了。
7. 無法說明心儀對象到底有何令人心儀之處。
8. 儘管可能感到痛苦，但仍覺得愛是「極致的喜悅」。
9. 不願正視對方缺點，甚至給予正面的合理化。
10. 狀態無法持久。

身為戀愛的初期狀態，基本上是一種自我投射與催眠的過程，Marshall 研究與記錄這個迷戀的現象多年，發現迷戀的狀態並非一成不變，隨著時間推移，大致會出現相應的「五個階段」：

1. **目光交會**：雖然性吸引力不一定會立刻發生，但對於彼此的身體特質一定會有某種程度的「愛慕」。

2. **產生迷戀**：在迷戀狀態的人會感覺心情飛揚、興高采烈。此階段可能是逃離迷戀的最後機會。

3. **迷戀具體成形**：心思被迷戀對象占據、常常回憶與迷戀對象的互動，且對方若有明顯回應，迷戀者會體驗到極度喜悅、興奮。

4. **發生阻礙，但投入程度增加**：害怕被對方拒絕、發現迷戀對象的缺點也無法逃離迷戀、盡力達成迷戀對象希望的樣子。

5. **不論是在喜悅或沮喪狀態下都精神恍惚**：大部分迷戀者都是沮喪的並沉浸在幻想中，對一切失去興趣、向朋友大量談論迷戀對象、被拒絕或忽略也無法澆熄瘋狂感受。

其中階段 1 與 2 可說是迷戀形成的準備期，階段 3、4 是迷戀中的心理投射現象，階段 5 可說是迷戀帶來的巨大副作用。通常經過上述的五個迷戀階段後，個體對迷戀對象的感覺與興趣將會大幅下降，迷戀關係如果沒有轉換，大多數將會因為時間的淘洗而破局，導致戀愛結束，但若能撐過迷戀階段，就會進入到下一階段：「依附的愛」。

依附的愛相較於迷戀的初期階段，在時間上已進入到較可受考驗的長度，開始會強調與注重雙方個人的感受，非一昧地狂迷失去自我，注重如何進入到深層的交往狀態，彼此必須付出與收穫平衡方能維持情感。所謂的「平衡」端看關係中的雙方需求的不同與多少，並非是真正的公平負擔，畢竟每個人的需要強度不一。Marshall 指出這份依附之愛需要雙方能相互傾聽、分享、慷慨相助，還有一定的身體接觸、支持、分享幽默感、額外的付出等方法來澆灌，方能長久。最後的情感關注（affectionate regard），指欠缺激情的感情，類似於老夫老妻相敬如賓的樣態，這個在青少年時期較不易出現，故不多述。

只要是基於單向度的生理或心理投射，都有如鏡花水月，無可依靠，是難以建立真正且長久的愛情關係，只有雙方經過時間與現實的淬鍊，並在關

係中使雙方自我心理與情感成長，才有可能一步步邁向完整的愛情。此處的理論思維，就是爲了讓家庭教育專業人員能夠幫助青少年正確的思考與體會愛情的各種可能，並能自我分析自己所追求的愛情是否健全的基底。

三、約會與分手的藝術 ── 立界線

> 約會是有風險的，界線可以幫助你觀測風險。
>
> ～Henry Cloud & John Townsend

　　任何想短時間達到能持續並有堅定關係的方案，風險都相當大，因人有許多面向，特別是戀愛前期的人，往往只能看到某個自我理想投射的鏡像目標，忽略了人性的深度與廣度，便投身於關係的漩渦之中。爲了不讓短時間的投射成爲一輩子的傷痛或遺憾，如何約會以及約會的目的，就變得相當重要，只有兩人相處時，冷靜下來觀察與感受，才能全面性地探索對象的性格與行爲。

YOU CANNOT PASS！爲自己設下約會界線

　　約會（dating）指男女雙方在擇偶可能範圍內所做的初步探索，因不受婚姻承的約束，對象可以更換，在現代社會已經成爲男女交往必經階段，也成爲兩性相處的必修學分（葉肅科，2012）。約會的方式成千上萬，要說如何約會可能需要修正一下，應說如何在約會中保護自己與在合理範圍中理解對方。對此 Henry Cloud 及 John Townsend 認爲只要你能爲自己的約會「立下界線」，便能在約會中趨吉避凶。此「界線」就是「保護你自己的地界，在約會中，你的地界就是你自己的靈魂……」（劉如菁譯，2003）這個靈魂的內涵就是你想要保護而不被人所左右的事物，可以包括愛、情緒、價值觀、行爲與態度，須先理解自己所願意給出的，以及不願給出的爲何，方能設下。

　　設出界線需要對自我身心靈、自由與責任的理解，這些都要求個體能理

性地運作自己感性的範圍，並在生理與心理方面都能清晰劃開一條紅線，保護自我的個體性。在許多戀愛的約會中，許多人容易單方面付出過多，而迷失自己，界線的設定能夠避免這種情況，如果真是能珍視與愛護你的人，就應該尊重你的界線，「界線幫助你做自己，而非在別人身上迷失自己。」（劉如菁譯，2003）那些不願或故意踩線的人，說明了他只是一個不尊重你的人，早早離開方是上策。

　　不過，能在約會前達到完全成熟與自主的人相當稀少，所以約會本身不失為了解自我與心靈成長的機會。在約會中我們犯的錯誤或是不盡人意的部分，如願意將之記錄與分析，搭配上每個人獨特的人生經歷，亦能補全自我性格與在關係中的問題，讓下次的約會更加順暢。約會可說是學習與應用的雙時機，亦為評量自我狀態的考驗，更是增進人格成長的機會，我們應勇敢的將過去約會中不健康、偏頗的自我做出修正，才是走向健康約會的正確之道。

　　約會中的人很容易被氛圍所牽動，抑或是被各種條件所吸引，讓自己忘卻自我的樣子與堅持，時間一久或是衝動過後方才後悔，若自我的理解與分析問題的能力又有缺乏，一旦受盡創傷而毫無收穫，便會產生許多負面思維影響後續人格發展。約會應當是雙方進行彼此的認識和了解的最佳時機，並希望在多次約會後，雙方關係可以漸入佳境。界線的存在就是為了讓彼此能互相尊重對方的世界與情緒，而非單純隔開兩人，因每個人界線的設定範圍與內容不一，而這些界線也非空穴來風，必定依著每個人的生命經驗或是前人忠告。理解對方的界線更是深入探索對方的方式，能接受彼此界線，方能在關係中步步前行而不逾矩。

真的假的？誠實、欺騙與建議

　　Cloud & Townsend 認為界線中最重要的應該就是「誠實」：「誠實是一切關係的基石，約會自不例外。一有欺騙出現，請視為大大的警告⋯⋯ 」（劉如菁譯，2003）只要有所欺騙，必定有隱瞞，有隱瞞就有風險，這要求

不只是要求對方也要求自己，因「做自己」即是須誠實以對的事，無法展現出自己的樣子是基於自我理解不足還有界線不明所致，若理解充分又可誠實面對自己的需求，並設下禁止踏入的領域，就不致在關係中迷航。誠實並非冒犯，而是表現出自己真實的樣貌，不應為了對方某些不合理的要求，進而做出非自願的改變或是讓步，破壞自我的主體性。在關係中當然會有所調整，這裡的誠實是讓我們捫心自問，在正常的互動關係中，我們可妥協與接受對方的要求到什麼地步，不讓自己在關係中演戲或受傷。

約會中另一個巨大的障礙，就是男、女性會基於社會意識形態的刻板印象，而設下「假」的前提與界線，比如男性以為需要多金才能討好女性，害怕出錯而限制自我等；女性方面怕主動，不論愛或不愛都難以說出口等。許多被社會所加諸的限制，反而限縮了雙方互相理解的可能性，唯有誠實地面對自我才能設出正確前提與界線。

「健康的約會」應注重雙方互動的品質，品質的基礎應該建立在前述的誠實之下，而感情應由這些互動增加，而非減損，若互動得宜、界線完善就能和對方一同成長。成長需要在互動中適度的表露自我，無論好壞、讚美或批評，都能擁有包容與討論的空間。另外，在雙方的關係中不能隔開其他友人或親人，因旁觀者清，聽取多方意見，再搭配自我的真誠感受才是關係推進的上策。

健康合宜的約會能讓兩人的親密程度增加，而這裡的親密程度並非指性方面的推進，更多是兩人靈性的交流與具體生活的互滲。若雙方經常參與共同的活動，分享彼此的心靈世界，並逐漸邁入雙方結合的境界，兩人能彼此關懷、承諾、信任與相互依賴，這才是約會所要達到的最終目的。

分手分錯了麼？

不論有無設下誠實的界線，交往都有可能因各種問題而面臨挑戰，儘管問題的原因與解決方法各異，如無法克服時，終會走向分手，這時，如何分手就成為了棘手問題。近年來出現眾多社會事件，皆是分手後男性或女性報

復的案例，無論是死是傷，都令人嘆息，好聚已難，好散更如登天，若每個分手都必然是傷痛，那到底要怎麼做，才不會徒留傷悲與遺憾呢？

美國著名的專業心理諮商師 H. Norman Wright 為了如何分手這個問題，依照多年的諮商經驗寫下了《戀人還是朋友──分手療傷手冊》（田鎔瑄、謝慧雯譯，2004）一書，其中區分出了「關係的結束」、「度過分手的傷痛期」以及「繼續未來人生」的三大進程，在三大進程中又有十二個歷程幫助分手的新手或老手安然度過情感的風暴，底下就來略為探究介紹。

1. 不愛我了嗎？我不愛了嗎？歷程一：關係亮紅燈；歷程二：面對現實

當感情出現許多本質上或現實上無法解決的難題，就會慢慢出現各種分手的跡象，無論是情緒上的易怒、憂鬱、悲傷等，還是性格上偏頗之處皆隨時間一個個浮出，抑或是第三者的介入，都是分手的警訊。當雙方忽略或不自覺時，分手幾乎將是最終結局，當然若真認識到對方並不適合，分手更是必須。基本上只要有一方想脫離關係，不願維持時，就是分手的時刻。

分手中常見的就是欲斷難斷，離離合合的狀態，這多半是因人們不願直接面對現實所發生的情況，可稱之為「分手障礙」，裡面包括逃避分手的感覺、為自己或對方尋找藉口、渴望安全感、不想打破現狀、緊守已不存在的承諾或是他人的意見等，皆會讓在情感漩渦中的人更加迷惑，難以做出正確的分手決定。應當要自我冷靜下來，檢視雙方關係，以及關係變壞背後的原因，還有可能造成的後果，方能幫助自己下決定。

2. 那就這樣吧！歷程三：預備分手

一個正常結束關係的過程與步驟，應當如下圖 2-2：

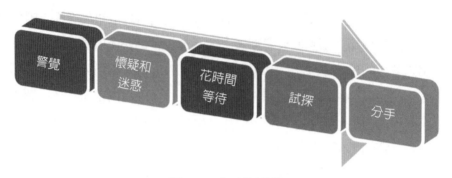

圖 2-2　分手的歷程

　　如果眞要分手，誠實方爲上策，過多的手段跟欺騙，只會讓之後雙方的嫌惡增生。Wright 給了我們一個分手或被分手的建議方式（圖 2-3）：

分手	被分手
1. 暗示只會讓人迴避、忽略或誤解。 2. 別一副難以捉摸或表現不定的樣子。 3. 講愈多、解釋愈多，愈給對方希望。 4. 注意自身的安全。	1. 不要試著向對方證明。 2. 感覺到對方想離開，最好讓他走。 3. 不要過度配合及容忍對方。

圖 2-3　分手與被分手應有的態度

3. 以淚洗面的日子。歷程四：認識分手的傷痛；歷程五：善用傷痛

　　分手若成定局，傷痛的一方必然承受著強大的心理創傷，Wright 稱此階段爲「撞擊階段」，此刻個體因親密關係的斷裂與破碎，致使意識易處於失控恐懼的狀態，悲傷、期待、憂鬱、罪惡、怨恨等情緒交雜，讓人無法專注在任何一件事物上。再來因兩人生活曾大量重疊，一方的離開會導致生活上的強烈喪失感，讓情緒長期處於低谷。

　　分手經驗若相當糟糕，抑或處理不當，日後有可能成為再進入愛情的障礙，更甚至形成自我否定的負面傾向。唯有正向面對，隨著時間以及適切的抒發方式，都有治癒的可能。在此階段中，另一種常出現的情緒即是「憤怒」，但只要不導向傷害他人或自身，憤怒可以促發認知系統改變，而轉換身心狀態，若能擅加利用，將可成為回復生活所需的重大力量。有如對過去事情處理不當時對自我感到憤怒，便可轉換成改變自我的力量；又或對傷害自己的前伴侶感到憤怒，可產生不再重蹈覆轍的決心等，只要能轉換憤怒成為積極的養分，那麼將能更快走出傷痛。千萬別逃避自己的情緒與狀態，唯有承認並接受，才能找出健康的抒解方式。

　　各種負面甚至是危險的情緒，都需要個體自我去接受它，一昧的逃避只會延長創傷的時間，並在之後留下潛意識的破口。唯有積極面對，並導引情緒的正向發洩，才是良藥。若要讓經驗不白費，那麼可做個「關係的損益表」，記錄兩人關係中好壞的行為與原因，幫助自己釐清情緒的來源，作為下次的借鑑。而究竟復原的時間要多久，人人各異，兩人原本在一起的時間長度、親密程度、自己再次尋找到伴侶的可能有多少等等，都會有所影響，最重要的恢復關鍵在於自我心理成熟度，還有人際關係活躍度的高低。

　　千萬別去逃避悲傷，因為「悲傷是承認並面對痛苦」、「悲傷不是絕望。悲傷讓人能感受並應付喪失之痛。」（田鎔瑄、謝慧雯譯，2009）只有去接納那個傷痛欲絕的自己，方能再次啟航。

4. 很痛吧！放手吧！歷程六：傷痛作用一、二、三；歷程七：傷痛作用四、五、六

　　雖說應積極面對情緒，且傷痛可幫助我們省思自我與他人之間的關係，但傷痛卻極易出現負面情緒與行為的副作用。Wright 提出了傷痛的一、二、三階段，以及可能會造成的負向影響：第一階段「驚嚇」，關係的破裂會讓你感到強烈的孤獨感，並對這種孤獨感帶有很深的恐懼，且由於意識難以專注，就會讓情緒左右你的生活，這時應該尋找可以讓自己有安全感的人

事物，但這不意味著馬上投入新戀情，而是讓你能暫時安穩並冷靜思考的人事物。

第二階段「悲傷」，傷痛過後易出現的情緒就是沮喪，一種無力生活與面對世界的狀態，過度的情況下會讓人變得非常消極甚至自我否定，這時要做的就是停止想法，設法客觀或是尋求他人幫忙分析念頭。無論是避免去兩人曾去過的地方，還是與這些相關事物說再見，總之要讓自己清楚明白，我一個人也可以好好的。

第三階段「責怪」，在一、二之後，人若想要試圖振作，不是以正面積極的角度前進，就會出現責怪一切人事物的情緒，對世界建立了相當固化的界線，不只他人更包括自己皆如此，因試著逃避創痛經驗，就把這些經驗相關的人事物都變成責怪的標的。更糟的情況是在下次的愛情中，對新對象進行自己都沒察覺的報復心理。責怪一切並不會讓事件有所改變，只能重新審視關係中的缺憾，方能成就下次的圓滿。

若能安然地經歷過一、二、三階段，接下來的階段四「寬恕」、階段五「決心」、階段六「再造」，讓我們可以寬恕上段關係中所有的問題，過去的唯有先放下才能「決心」向前，走到此階段加上正向分析了關係中的問題，方能「再造」出一個新的你，不只讓下次的關係更有經驗，更讓自我的心靈與行為的成熟度提升。

5. 我康復了？歷程八：量化復原的進度；歷程九：經營成功的單身生活

到底有沒有離開分手的傷痛？我好些了嗎？這些都可用三個項目來思考：(1) 專注力：專注力有恢復了嗎？在創痛過後，能否專注在重要的事物上了？(2) 振作：有沒有從之前消極沮喪的狀態中恢復，面對生活中有趣或是必須完成的事，有無重燃動力？(3) 行動力：之前在情感漩渦中，為了自我保護或自暴自棄，對任何事物的行動力都降低了，那麼痛苦過後，力量感有慢慢回來了嗎？面對過去的事件是否已可坦然接受，會影響上述三個項目數值的高低，切記若沒有改變生活方式去適應新的狀態，就可能產生負面的

滑坡效應回到傷痛之中，相對的若可理解陰影而面向陽光，就能走向未來。

如果人能走過這一遭，並重建更完整的自我心靈，幾乎就做好回到單身的準備，並且有機會尋找新的可能；但若是因為孤單而想找伴，萬萬不可，因為能把自己過好的人，才有機會在新關係中穩定自我。

6. 我又回來啦！歷程十：重返感情世界；歷程十一：避免重蹈覆轍；歷程十二：創造健康新關係

重返關係，必得記取前車之鑑，先理解自己想要的感情是什麼？想要在其中獲得什麼？想要保有多少自由？是否清楚人很難改變他人？到底想跟什麼樣的人在一起？記得不要尋找慰藉，而是要找到可一起成長的人。避免讓自己前段感情的陰影加諸在新對象身上，離開危險對象（行為異常、情緒易怒、不負責任等），並能察覺自我一廂情願的投射。在新的關係中，用健康的心態以及正向積極的態度去處理，便能重建更好的兩人親密關係。

四、放開那個女（男）孩：性的界線

性非常嚴肅。單一事件就足以改變其一生。

～Miriam Grossman

性教育，是幸還不幸？

人類學家 Helen Fisher 指出愛的形式有三種呈現：(1) 晝思夜想的「浪漫之愛」；(2) 具有吸引力與性覺醒的「性慾」；(3) 感到安全，並被關注、撫慰的「依附」（顧景怡譯，2016）。性慾有二個層面：一個是要體驗性活動的慾望，一個是指性器官感應所產生的感覺（性福 e 學園，2020）。青少年時期因身體的發展與體內荷爾蒙、費洛蒙的雙重加乘下，容易想要探索有關性的議題與體驗，性教育除了告訴孩子正確的性行為知識之外，若沒有為性設下界線，過早的性行為會造成許多生理跟心理的問題，甚至容易染上不可

逆的性傳染病。

　　近年來因著少子化影響，臺灣青少年的總人口數每年顯著下降，然而青少年性病增加的比例卻呈現逐年攀升的景象，而且年紀愈小，受性病影響愈大。重要的原因之一，是兒童與青少年並不是迷你版的大人，他們的身心尚未發育成熟，因此被感染的風險很高，一旦接觸，則受感染機會也會比成人增加（趙國玉、翁嘉穗，2014）。

　　在眾多研究之中，發現身體在性徵發展的時候，基於生物本身繁衍的基因指令，男性會分泌許多「費洛蒙」（pheromones）。費洛蒙是動物的皮膚與汗腺所分泌的化學分子，當鼻子吸入這些分子後，會引發令人意想不到的想法、感覺及行為反應。女性的鼻子較易感受到這些分子，因此可能引起心理及行為強烈反應。人類無法意識到費洛蒙（氣味），卻不自覺地受影響。研究指出女性吸入這些男性費洛蒙會有兩個主要反應：造成自身荷爾蒙變化影響排卵，以及緊張程度下降，這意味著女性會被男性分泌的外部迷藥所騙，自身內部也會相應產生內在迷藥，讓她們不自主產生對男性的信賴感或依賴感。

　　在青春期，另一種荷爾蒙在女性身上會微幅成長，但在男性身上會呈現25倍的爆炸性成長，這就是「睪固酮」（testosterone），它是專門掌管性衝動的荷爾蒙，是男孩更易去探索性與肉體的生理原因，加上男性分泌的費洛蒙，讓男女性行為的可能性大增。

　　當我們和伴侶擁抱時，一種被稱為「擁抱荷爾蒙」（cuddle hormones）的「催產素」（oxytocin）與「血管加壓素」（vasopressin）會充斥全身，同時這些激素似乎還啟動了腦部的「獎勵」區域，使我們體內充滿像「多巴胺」（dopamine）之類能引起愉悅的化學物質，而關閉像「皮質醇」（cortisol）那種會引起壓力的荷爾蒙（劉淑瓊譯，2015）。關於「青春期的擁抱」醫學研究指出，只要青春期男性對女性擁抱的時間至少超過20秒，女性就會分泌「擁抱荷爾蒙」，增強依附關係，關閉「壓力荷爾蒙」，此舉讓青春期的少女會沒來由地信賴這個男性對象。種種的生理現象，皆未經過

理性思考與判斷就可直接觸動性行為的發生。

有鑑於此，在性自主高呼的今日，美國的精神科醫師 Miriam Grossman 對於當今這種只給予性行為知識，甚至有點鼓勵孩子自行探索性領域的性教育作法，感到困惑與震驚，並站在醫學的立場上說明如此將會導致嚴重的現象（祈遇譯，2012）。據 2008 年美國疾病防治中心報告，美國境內每 4 名青春期少女中，即有一名曾染性病；有性行為的青少年中，二分之一將在 25 歲前感染性病（陳文龍，2016；轉引自趙國玉、翁嘉穗，2017）。另一項針對一萬名青少女所作不具名問卷調查，美國青少年發生初次性行為的平均年齡為 15 歲。

過早性行為若沒做好防護，會產生的後果就是感染共 20 種以上性傳染病的可能性，部分性傳染病沒有外顯的症狀，個體一旦受感染，會成為連自己都不知情的傳染者，如果持續有性行為（即使是安全性行為），也會使得疾病繼續傳染出去（趙國玉、翁嘉穗，2017）。在 20 幾種性傳染病當中，僅有愛滋病在全程使用保險套時，防護效果可達到最高 80%（Weller & Davis-Beaty, 2012；轉引自趙國玉、翁嘉穗，2017），其他的性傳染病，防護效果不一：「對淋病來說，即便全程使用保險套，只有 51-62% 的防護效果，也僅能降低疱疹風險約 25-50%，對於會引起女性不孕與子宮外孕的披衣菌只能降低 26% 的效果。至於引發癌症的人類乳突病毒，幾乎完全沒有防護效果。」（祈遇譯，2012）

被診斷出生殖器病毒感染（通常是疱疹或是 HPV）時，情感上的打擊才是艱難的部分，紐西蘭一項 HPV 的研究顯示，75% 的患者在初次確診時經歷到沮喪和憤怒的情緒，而其中又有三分之一的人，持續在這樣的情緒中好幾年，所以生理跟心理現象是絕不可分開討論的，牽一髮動全身。

幾乎所有的性傳染病和隨之而來的痛苦，皆是可百分之百避免的，只要一個人延遲發生性行為的年紀，找到另外一個也願意等待的人，然後對彼此忠誠就可免疫，當然這是理想的狀況。Grossman 提到，一般而言：「愈早開始性行為，將來可能有的性伴侶人數就會比較多，性行為開始得早，以及

性伴侶人數多，都跟多種負面的人生結果有關聯，包括感染性傳染病的機率較高，在婚外關係中懷孕生子，成為單親媽媽的機率也會提高，婚姻的穩定度則會降低。還有母親與孩子陷入貧困，墮胎的情況增多，以及憂鬱症也增多。」（祈遇譯，2012：44）

理性天生就有？前額葉皮質區的漫長發育

依據現代腦科學研究，期待青少年因得到完整的性知識，便能做出明確的性行為判斷，是不切實際的說法。相關的大腦研究顯示，20歲前期大腦發展，控制判斷、推理、作決定、自我評估、計畫、抑制衝動及衡量後果的「前額葉皮質區」（理性中樞）尚未發展完全。而大腦「情緒感受」中樞「杏仁核」在生命前期就發展成熟，即青少年情緒系統比認知系統成熟，在作決策時，情緒系統通常發揮較大功用，因此無法做出最佳選擇。特別是在許多氛圍情境與荷爾蒙、費洛蒙的內外侵襲下，更易拋開理性擁抱慾望。另成年女性成熟的子宮頸受到30到40層細胞保護，較不易感染性傳染病，而青少女的子宮頸只有一層保護，病菌侵入相對輕易，這些都是在進行性教育時，應清楚告訴青少女的知識。

教導「安全性行為」的前提應建立在一個假設上，就是青少年能夠思慮複雜的議題，事先計畫，並且考量後果。

故一般來說，青少年需要已經具備經驗、知識以及理性判斷的成人，來幫助他們設立防護的界線與規矩，畢竟在性方面有時只要一次錯誤的決定，就能影響一生之久。而那些性知識所給予的物理性防護，卻無法百分之百保障安全，Grossman表示據調查與研究指出「全程正確使用」保險套可以98%預防懷孕；成人「典型用法」，預防懷孕的機率為85%，而對理性發展尚未成熟的青少年而言，能正確使用的機率更低。

彭懷真（2000）參考Fuhrmamn對性議題的決定模式，繪製出「性行為選擇樹」，根據Fuhrmamn研究，婚前性行為的主要決定者是「女性」，非一般認為的男性，且從事性行為女性要付出的代價遠高於男性，主因是若不

幸懷孕，旋即要面對是否生養的痛苦抉擇。所以性行為選擇樹是以女性角度來評估性行為帶來的影響，圖 2-4 顯示共有 7 個決定的路徑和 15 個可能性。青少女一旦發生性行為，即將面臨一連串困難的選擇題。

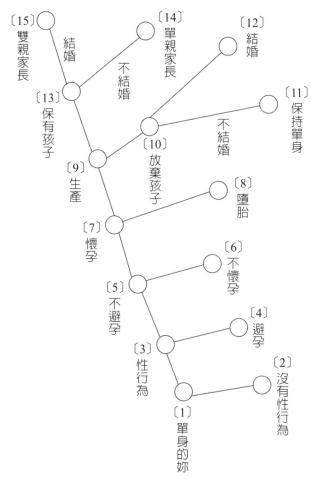

圖 2-4　性行為選擇樹

資料來源：彭懷真（2000）。**愛情 Manager**。臺北市：平安文化。

延遲性行為與自我保護之必須

　　根據教育部 108 課綱，指出「性教育」是強調學習愛人與被愛的教育，藉以發揚人性、培養健全的人格、支持幸福人生。「全人的性」是以愛為本、全人發展的性教育，應包含生理、心理、社會及心靈四個層面。其學習內涵包括性生理與心理的發展、性價值觀、關係建立、性健康促進、性與社會文化等重要關鍵概念。因此所謂的安全性行為不僅僅是性行為時要使用保險套而已，更應重視的是性的生理、心理、社會、法理與心靈四個層面（教育部，2018）。

　　鄭其嘉（2020）指出，「健康合宜的關係是性教育的背景，『全人性教育』是一種『愛的教育』（認識真愛、珍視自己、珍視他人），教導建立健康親密關係的能力。是一種『品格教育』（認識限制、對己克制、對人感謝），形塑個人美好的品格。是一種『生命教育』（拔高人性的高度、體現生命的價值）。因此，除了教導性行為知識，更要建立正確的核心價值：愛、尊重與責任。」

　　依照未發生、已發生的性行為，教學以 ABC 防護為指引，A 是指節制（Abstinence），讓青少年延後性行為發生的時間；B 是指忠實（Be faithful），單一固定性伴侶，避免發生一夜情，不隨便網交、約砲、援交，減少感染性病風險的方法；以及 C 是指全程正確使用保險套（Condom）。臺灣婦產科醫學會於 2013 年在給予青少女（年）的衛教手冊中指出：在青少年的階段不要有性行為，是最有效避免懷孕與感染性傳染病的方法（轉引自趙國玉、翁嘉穗，2017）。切記有正確的態度才會產生謹慎的行為，有負責的「愛」才有安全的「性」，身心是絕對密不可分的。

家庭的「支持鷹架」

　　在孩子尚未能為自己的行為做出理性思考與負責之前，家中的父母要讓孩子知道你高度期許他們堅守原則，守住界線，能溫柔地表達你的堅持，

也讓他們感受到你樂意作他們的後盾。要相信家庭環境比荷爾蒙更具影響力，好的親子關係可以避免青少年的危險行為，包括過早以及危險的性行為，正常來說面對性的抉擇時，父母對他們的影響遠超過同儕。父母必須讓孩子知道理解性的知識是一回事，預防得到性傳染病是另一回事，更別說性行為後可能會發生懷孕等重大影響人生的事件，特別必須盡力保護青少女，畢竟在性行為上，女性承擔的風險遠超過男性。

上面從戀愛到性行為的四個主題，都希望讓青少年可以在安全無害的情況下去享受，以及在親密關係中成長，幫助個體能達到更健全的身心狀態。

第二節 本章內容設計教案範例

基於服務學習的宗旨，學習各式理論之後，若沒有實際讓學習者去現場與被服務者互動，就會使得理論缺乏操作與修改的場域。若要到現場，必定要將理論設計成可以實施活動或教學的方案，是故底下將由筆者於輔仁大學兒童與家庭學系多年的任教生涯之中，挑選出不同年度與學生共同修訂，最後由學生去實際實行服務學習、符合本章主題的四個教案，來當作本章教案設計的範例。當然，在編寫成書的過程中，每個教案最後也由筆者再度進行微幅修改而成，希望可以作為有志同道的參考。

一、愛的三角理論

107 學年度優秀設計教案

活動主題	交友／戀愛
活動名稱	向前走，向愛走
活動目的	1. 引導青少年理解愛情三角理論。 2. 讓青少年了解自己對於選擇伴侶的條件。 3. 使青少年理解交往前常見的交友關係。

活動目標	讓青少年在交友與戀愛前，藉由課程與活動能得知需要的注意事項。
進行方式	先透過破冰活動讓青少年認識帶領的教師並建立關係，透過講述、影片、小組活動、體驗小遊戲等方式讓青少年了解關於交往戀愛前要注意的事，透過有趣的互動方式，讓理論用輕鬆的方式被青少年學習。 （中間下課時間會播放相關的音樂，讓活動儘量不中斷，減少讓青少年重新進入活動的適應時間。）
活動時間	90 分鐘
活動對象與人數	國中 3 年級生 30 人

活動內容		
需要時間	活動步驟與帶領人員	活動資源
5 分鐘	**引起動機：暖身活動** ◎**活動方式** 　1. 組員自我介紹 　2. 暖身活動：耳聽八方 　　每人發下一張提示卡（牛／豬／雞／羊／皮卡丘／蠟筆小新），遊戲開始後大家發出提示卡上的角色聲音，前三組最快湊滿 6 位者，可分別獲得 5 萬／3 萬／2 萬的積分，完成分組後依照提示坐到分組區域。 ◎**活動意義** 　認識講者，透過暖身活動分組。	提示卡 30 張 背景音樂
30 分鐘	**發展活動 1：愛情幾何** ◎**活動方式** 　簡單說明愛情三角理論「激情、親密、承諾」，了解三元素的內容後，會進行一個小遊戲，最後說明各種因成分不同而組成的愛情類型，讓參與者明白「完整的愛」是缺一不可的。 ◎**遊戲方式** 　每組拿到 6 張上面寫著句子或是詞語的便條紙，小組成員有 5 分鐘的討論時間，共同歸類這些便條紙是屬於哪個元素的範疇。每答對一題都能獲得 2 萬塊籌碼（記在黑板上），籌碼的用途會在下一階段進行詳細說明。	簡報 便條紙 *36 背景音樂

◎**活動意義**

透過愛情三角理論讓參與者了解組成愛的基本成分，並且需要雙方相互調和三要素的比重才能建立一段穩定、持續的愛情，最後藉由遊戲驗收成果，並加以銜接下階段活動。

◎**理論：愛情三角理論**

1. 激情（Passion），雙方關係令人興奮的部分，包含強烈的吸引力，想更多認識、更多接觸對方，也包含浪漫的感覺、外表的吸引力、身體的親密以及性等等；屬於兩人關係的動機向度。

2. 親密（intimacy），是因著溝通、互動、心與心交流，彼此有深刻的認識而產生的親近、連結、相知、相惜、信賴、安全的感情；屬於兩人關係的情感向度。

3. 承諾（Commitment/Decision），包括開始決定愛一個人，和長期的與對方相守的意願及決定。會為彼此的關係負責，一起面對未來，願意犧牲、奉獻，經營愛的關係；屬於兩人關係的認知向度。

完整的愛需要兼具三個元素，缺乏任一元素皆非完美的愛情，根據三個元素的相對強弱，會組合成這些不同類型的情感：

1. 無愛：三種元素都沒有，大多數異性間的人際關係屬於這種。

2. 迷戀的愛情（Infatuated love）：只有激情的元素，例如一見鍾情、初戀、暗戀、孺慕之情等。

3. 喜歡的愛情（Liking/friendship）：只有親密的元素，彼此有溝通、互動，是朋友的關係。

4. 空洞的愛情（Empty love）：只有承諾的元素，例如奉父母之命的婚姻、同床異夢的夫妻等。

5. 友伴的愛情（Companionate love）：親密與承諾的組合，是深刻的友誼或柏拉圖式的愛情，或已退去激情，堅貞相守的老夫老妻──「經過大風大浪，我們是最佳拍檔。」

6. 浪漫之愛：親密與激情的組合，不願意或不能付出承諾──「不在乎天長地久，只在乎曾經擁有。」

	7.虛幻的愛情（Fatuous love）：激情與承諾的組合，無親密關係為基礎，例如閃電結婚，或奉兒女之命成婚──「你給我一夜，我給你一生。」
	8.完整的愛情（Consummate love）：三種要素完美的搭配，是人們希望的理想愛情狀態。
	◎便條紙內容
	  1.激情：著迷、情慾、吸引力、衝動、怦然心動、一見鍾情、墜入情網、我會不自覺的注意他、當我見到他便感到興奮，我認為他非常有魅力、我對他充滿幻想、我會想要與他有身體接觸。
	  2.親密：依賴、聊得來、互動交流、分享溝通、安全感、心靈契合、接納彼此、我從他身上得到支持鼓勵、我跟他相處起來很自在、我會和他互吐心事、我認為我們很了解彼此、我會為他的幸福著想。
	  3.承諾：嫁給我、保護、忠誠、責任、白頭偕老、我該為這段關係負責、我期望我們能一起面對未來、我願意為他犧牲奉獻、我願意經營這段感情、我會竭盡所能維護我們的關係、我覺得自己對他有責任、我想與對方長相廝守。	

25 分鐘	**發展活動 2：我的理想伴侶**
	◎**活動方式**
	  每 6 人一組，依據發下的競標特質選項各自將自己心中理想伴侶的特質 top3 寫下來，各組互相討論出要競標的特質，還有要競標的金額。小組要探討如何用有限的金額選到自己理想伴侶的特質！
	◎**遊戲方式**
	  每組有 100 萬，底標為 10 萬，加價一次加 5 萬。若沒有其他組再增加金額，喊三聲之後該組得標。
	◎**活動意義**
	  透過競標跟分享，可以了解同儕間對愛情的價值觀，還有知道異性眼中熱門的特質有哪些，再回來審視自己。
		競標單 *6
		白紙 *30
		簡報

	◎競標選項	
	1.個性特質：	
	正向、活潑、開朗	
	心地善良、有同理心	
	浪漫	
	幽默風趣	
	認真勤勉	
	獨立自主	
	孝順	
	2.現實條件：	
	高材生	
	高富帥／白富美	
	有長輩緣／與家人相處和睦	
	年齡	
	3.愛情裡的樣子：	
	溫柔體貼	
	懂得傾聽、分享喜怒哀樂	
	願意陪伴	
	對彼此忠誠	
15 分鐘	**發展活動 3：理想情人怎麼選** **◎活動方式** 　1.理想情人相異／相似講解：了解自己，才知道要個 　　性互補還是性格相近；性格可以互補，價值觀不能 　　互補（補充繪本影片：《失落的一角》）。 　2.「愛情數學」影片欣賞討論：因為愛情如同生命中多 　　數的事物那般，充斥著許多規律。而數學，最終就 　　是那講求規律的學說。 **◎活動意義** 　銜接前半部的特質競標活動，討論對於理想情人，每 　個人心目中自己的標準，延伸出分析擇偶的對象之特 　質應相異／相近，最後透過 TED 演講「愛情數學」， 　從數學視角出發，展示了人們看待愛情的規律，並揭 　露了尋獲靠譜對象的三大祕訣。	影片 簡報

	◎相關學理 愛情吸引力的兩項重要基礎「相似性」、「互補性」。 海倫費雪：你會愛上一個在你的「愛情圖譜」中條件 符合的人，這圖譜上放的條件是你從小到大無意識間 慢慢建立起來的一張特徵清單。並且我認為，你會受 特定的人所吸引，事實上，是因對方大腦系統正好和 你是互補型的，那就是我現在正在研究的方向。	
15 分鐘	**發展活動 4：我們要在一起嗎？** ◎活動方式 　1.曖昧定義講解：先播放影片，提出疑問：「對你們來 　　說，曖昧是好還是壞？」進行曖昧定義的觀點解析。 　　（10min） 　2.補充愛與喜歡的差別：利用學習單，讓學生進行愛 　　與喜歡的測驗（ilove），並探討若是愛的話是否應 　　展開行動進入下一個階段，以及如果只是朋友之間 　　的喜歡，一直維持在曖昧的關係中這樣好嗎？（8min） 　3.總結：曖昧是成為情侶之前的一個階段，沒有所謂 　　的好壞，取決於個人想要怎麼經營，長久的曖昧不 　　見得能修成正果，應把握時機，更進一步的了解對 　　方的心意。 ◎活動意義 　曖昧是進入到一段關係前的必經之路，對曖昧的定義 　和好壞各有說法，透過講解和影片讓學生能對曖昧建 　立正確的價值觀，並正向的去處理及面對曖昧，避免 　成為別人口中只喜歡搞曖昧的人。另外，藉由一問一 　答的遊戲，讓學生們自身界定所謂愛與喜歡的差異， 　有助於在曖昧關係中最後選擇跨出一步進入下一階 　段，抑或是退一步繼續當朋友。 ◎影片 　https://www.youtube.com/watch?v=ri4VKbFlFRs	簡報 學習單

二、真愛與迷戀

108 學年度優秀設計教案

活動主題	愛情魔法師（一）
活動名稱	曖昧讓人受盡委屈
活動目的	1. 在青春期的學生對兩性關係充滿好奇，我們希望透過活動，讓學生從中了解進入兩性關係前，處於曖昧階段的互動。 2. 希望透過學生本身的經驗去察覺曖昧有哪些感覺、行為，再透過討論的方式區分曖昧、愛的差異，以求能幫助學生們在情境中可釐清自己內心的感受。
活動目標	1. 學生在參與各式討論後，可說出並理解他人對於曖昧的看法，且能理解並整理想法上不同的地方。 2. 學生透過活動，在生活中能夠釐清自己內心的感受，幫學生建立正向的兩性關係。
進行方式	先播放《我的少女時代》電影片段引起動機，再讓學生把對曖昧、愛情的看法寫在便利貼上，並透過小組討論歸納後，將寫好的便利貼分類整理，和全班分享。
活動時間	45 分鐘
活動對象與人數	國中 3 年級生 30 人

活動內容		
需要時間	活動步驟與帶領人員	活動資源
4 分鐘	排座位：6 張桌子合併，分 5 組	
5 分鐘	**開場** 介紹輔仁大學兒家系、教師自我介紹、對於一系列的課程做簡單說明引導進入愛情魔法師的世界。	
10+1 （換位子） 分鐘	**破冰** 詢問學生「你認為愛是什麼？」播音樂傳箱子，邊傳邊抽取裡面有顏色的紙，當作下個活動分組的依據。同時，當音樂停止時，拿到箱子的人就要回答問題。（口頭回答）破冰結束後讓學生依照自己抽到的顏色組成 5 組。	球 音樂 音響
3 分鐘	**電影欣賞** 《我的少女時代》	投影幕 電腦

5 分鐘	**便利貼活動** 提問「曖昧的感覺？」請學生用便利貼寫出他們的想法，並統整歸類貼在各組的海報上。	便利貼 海報 粗奇異筆
5 分鐘	各組分享	
5 分鐘	**便利貼活動** 提問「什麼舉動你覺得是曖昧？」請學生用便利貼寫出他們的想法，並統整歸類貼在各組的海報上。	海報
5 分鐘	各組分享	
2 分鐘	**影片欣賞** https://youtu.be/hN29qtZAwSE 約會曖昧大作戰 **總結** 回顧今日的課程內容，並前情提要下一節課即將從曖昧到如何選擇交友條件，找到適合自己的對象。	影片

活動主題	愛情魔法師（二）
活動名稱	擇其所愛愛你所選——交友條件拍賣會
活動目標	1. 透過擇偶條件的拍賣會讓學生想像理想情人的樣子，以及了解自己擇偶條件的排序。 2. 跟學生分享愛情的電影，讓學生可以透過電影情節了解愛情中的擇偶條件，以及在愛情電影裡的主角們如何詮釋愛，讓學生認識在愛情裡人們呈現出來的樣貌。
進行方式	先引導學生了解每個人會有不同的擇偶條件，再請學生排序自己的擇偶條件，全班進行競標活動，最後以愛情電影作為總結與收尾。
活動時間	45 分鐘
活動對象與人數	國中 3 年級生 30 人

活動內容		
需要時間	活動步驟與帶領人員	活動資源
5 分鐘	**引起動機** 人生總是充滿選擇，就像是在買東西，有些人會考慮外觀、有些人會考慮價錢、有些人會考慮實用性。	PPT 電腦

10 分鐘	使用 PPT 介紹擇偶條件，與擇偶條件的競標規則，請學生先畫出未來想像中的伴侶樣子，與將擇偶條件排列，可以邀請學生將上列未呈現但學生很想要補充的條件加入競標。	擇偶條件學習單

特質一覽表

1. 身體健康 1健康	2. 身材好 2身材	3. 沒有家族疾病史 3疾病	4. 外貌姣好 4外貌
5. 年齡相配 5年齡	6. 經濟條件佳 6經濟	7. 家世背景良好 7背景	8. 種族背景相同（如：省籍、國別） 8種族
9. 有穩定工作 9工作	10. 學歷相當 10學歷	11. 溫柔體貼 11溫柔	12. 幽默風趣 12幽默
13. 樂觀開朗 13樂觀	14. 認真勤勉 14認真	15. 個性獨立自主 15獨立	16. 與家人相處和睦 16家人
17. 彼此興趣相近、有共同話題 17興趣	18. 孝順 18孝順	19. 人生觀相近 19人生觀	20. 對彼此的情感忠誠 20忠誠

20 分鐘	擇偶條件競標會 —— 進行擇偶條件的大拍賣，由主持教師進行，拍賣每一項擇偶條件，讓學生競標。	空氣槌子
5 分鐘	以 PPT 推薦電影（了解愛情：男性對女性的總體想像） 1.《雲端情人》（Her） 2.《寂寞拍賣師》（The Best Offer） 3.《真愛每一天》（About Time）	投影幕 電腦
5 分鐘	**總結** 今天的課程我們從了解曖昧的滋味到開始選擇喜歡對象的條件，相信大家對於曖昧的感覺和定義都有不同的見解，在拍賣會的過程中，也讓大家去想想看自己喜歡的對象需要符合哪些條件以及優先順序，我們這禮拜的課程就暫時告一段落，下禮拜我們會有更精彩的內容等著大家，跟著我們一起成為愛情魔法師吧！ 下禮拜我們會讓大家玩愛之語和練習吵架的遊戲，敬請期待。	

預期實施效果及評估
1. 學生能夠透過課堂教師的引導，嘗試思考自己對於交友條件的優先順序。
2. 學生能夠參與拍賣會的進行，透過拍賣會的活動反思可能需要取捨，理想和現實可能會有所落差。
3. 學生參與度高。

三、約會與分手

107 學年度優秀設計教案

活動主題	愛需要學習，道別也需要學習（一）
活動名稱	因為愛過，更要好好說再見
活動目的	藉由讓國中生對於「分手」進行階段性的正確認識，包含如何和平、安全的分手，以及分手後心態上的調適，有助於國中生日後面臨分手狀況時，能以更成熟的方式處理，將傷害降到最低。
活動目標	讓學生循序漸進理解分手的議題，並學習到面對、處理的方式。
進行方式	1. 開場破冰小遊戲。 2. 學習單討論與分享。 3. 影片講述。
活動時間	45 分鐘
活動對象與人數	國中 3 年級生 30 人

活動內容		
需要時間	活動步驟與帶領人員	活動資源
5 分鐘	**破冰遊戲** 同學兩兩一組，每人分別拿到一張紙，兩人把紙用膠水黏在一起，待膠水乾了再盡可能將兩張紙完整分開。 一旦被膠水黏緊，兩張紙都很難沒有破損、完整的分開。愛情也是一樣，兩個人曾經是世界上最親密的伴侶，分手之後免不了心裡會受傷以及一些複雜情緒，需要時間把傷口撫平，處理好自己當下的情緒，讓失戀的痛可以轉化為未來的養分。	30 張紙 10 瓶膠水

15 分鐘	**小組學習單討論與分享** 小組討論：10 分鐘 1. 分手情境來找碴 2. 分手會有什麼情緒？ 3. 走出分手傷痛的方法 分享時間：5 分鐘	學習單 音樂
10 分鐘	**講述＋影片：好好分手** ◎**影片**：如何安全分手（5"） 　　https://www.youtube.com/watch?v=tZMeHrsrCj0 ◎**分手的五個 W** 　　What：為什麼事情說分手？──用愛心說誠實話 　　Why：為何分手？──先反省這段關係 　　When：何時分手？──儘量選在白天 　　Where：在哪分手？──公共場合是保護盾 　　Who：和誰分手？──一定要告知親友 ◎**四大分手地雷** 　　1. 沉默式分手 　　2. 宣洩式分手 　　3. 高調式分手 　　4. 強迫式分手	PPT& 影片
3 分鐘	**講述：分手後會有什麼情緒？** 分手會帶來許多複雜的情緒，往往讓我們難以招架，一下哭、一下笑、前一秒看似無所謂、下一秒眼淚潰堤如大水……怎麼做才能盡快忘記失戀的痛？在急著走出失戀傷痛之前，我們需要花時間釐清難過的原因。若不想獨自面對，找一位信任的朋友作伴、聊天，或者對以下五種分手後常見狀況多一點認識，都有助於釐清並面對心中糾結的情緒。 **情緒一：憤怒與痛苦** **情緒二：報復感** **情緒三：愧疚與沮喪** **情緒四：被拒絕、否定** **情緒五：轉移與釋懷**	PPT

9分鐘	**講述＋影片：如何走出分手的傷痛** 影片：療傷必看！澈底走出失戀的五個方法（4"） https://www.youtube.com/watch?v=-NWrmz_iszU 談分手是一件難受的事，卻也是每個人都可能面對的課題。分手不但會造成情緒強烈起伏，也會打亂原本的生活節奏。若能好好的處理，以成熟方式面對，將能縮短沉溺在傷痛中的時間，盡快復原，讓生活更快回到原本的軌道，並能在傷痛中成長，進而成為更好的人。 然而，「好好的處理」可不是一味的不哭、不傾訴的壓抑自己！以下有幾個盡快回歸生活正軌的簡單小原則，幫助我們重新整理心情，再次尋找幸福！ **原則一：避免觸景傷情** **原則二：安排大哭的時間** **原則三：親人與朋友的支持** **原則四：盡力維持生活** **原則五：整理與思考**	PPT&影片
3分鐘	**結語講述：分手也可以過得很好** 雖然分手是件痛苦的事情，但是當時間拉長，會發現分手未必是不好的事情。許多例子告訴我們，分手其實是終結一段不適合的關係，避免自己受到更多傷害；也能更了解自己，具體認識自己對愛情、婚姻的期待。簡單來說，分手後可以在以下三個部分幫助我們成長，包含：自我、人際關係和對愛情的了解： ◎**自我成長** 　從兩個人的生活變成一個人，有些習慣需要重新培養，我們可以讓生活過得更有意義，再次靜下心來觀察自己喜歡、不喜歡什麼，學習更自主的安排生活，而不是將快樂寄託在別人身上。 ◎**人際成長** 　一段關係無論是分手收尾或者修成正果，我們都可以在關係中的互動經驗學習到如何與人互動、理解他人，因此也更懂得怎麼關心身旁的其他人，正因為失去後，才懂得珍惜現有的朋友與家人。	PPT

	◎**愛情的成長**	
	總在很多夢幻泡泡幻滅之後，我們才懂得自己真正需要、想要的是什麼。經歷了不適合的感情之後，我們會更了解想要的愛情、情人，或是在下一段戀情中調整自己與對方的互動方式，避免重蹈覆轍。 　一件事情的發生是好是壞，不必急著下定論，往往是一體兩面。分手往往是我們記取教訓或認清事實的開始。過去的事可能無法改變，但是除了痛苦和埋怨，我們還可以從中學習、成長，挖掘自己的價值和可愛之處，好好享受和朋友、家人相聚的時光。當我們走出傷痛的陰霾，自己的心理也做好準備，變得更加成熟，相信還會有更好的對象等待與我們相遇！	
預期實施效果及評估		
90% 的國中生能知道如何正確的分手，以及知道如何調適分手後的心情。		

活動主題	愛需要學習，道別也需要學習（二）
活動名稱	遠離恐怖，慎選情人
活動目的	1. 了解何謂恐怖情人。 2. 恐怖情人的特點有哪些？ 3. 如何與恐怖情人分手。
活動目標	加強青少年對於恐怖情人的認識及面對恐怖情人的因應方式。
進行方式	1. 影片 2. 講述 3. 問答 4. 案例分享 5. 實際演練
活動時間	45 分鐘
活動對象與人數	國中 3 年級生 30 人
活動內容	

需要時間	活動步驟與帶領人員	活動資源
1 分鐘	**告知學習目標** 1. 了解何謂恐怖情人。	PPT

	2. 恐怖情人的特點有哪些？ 3. 如何與恐怖情人分手。	
5 分鐘	**引發注意與興趣** 恐怖情人新聞影片，引起青少年的學習動機： 「像拖兔子一樣」恐怖情人拖女入房毆打（1:37） https://www.youtube.com/watch?v=17cBkkP8e8s 又是恐怖情人！為見女友 台大男囚禁宿舍（2:16） https://www.youtube.com/watch?v=2_mRuCQplfY	PPT ＋影片
9 分鐘	◎**恐怖情人特徵討論**（5 分鐘） 　學生跟旁邊同學討論恐怖情人特徵，點 3-4 人回答。 ◎**影片解說** 　WebTVAsia TOP10——恐怖情人的 10 個徵兆！看到第 　一名直接狂抖……好可怕！（3:39） 　https://www.youtube.com/watch?v=V85QIzctLUo	PPT ＋影片
5 分鐘	**呈現教材、提供輔導策略** 投影片播放講述恐怖情人的定義與特點。	PPT
5 分鐘	實際案例分享	
15 分鐘	**引發學習行為表現及回饋** 設定好部分情節地點，請同學上台實際演練如何分手。 主帶和協帶先示範： ◎**情景 1** 　兩人交往 3 年，對方要去國外念書，你覺得維持關係很 　難，所以想在他／她去國外之前提出分手，你會如何跟 　他／她說？ ◎**情景 2** 　交往 1 年兩人感情變淡了，沒有戀愛的感覺了，兩人都 　沒有說分手，但另一半開始跟其他女生（男生）約會， 　你覺得對方劈腿了，你想要分手，你會如何提出分手？ 　（邀請兩人演練） ◎**情景 3** 　一開始交往兩人都很甜蜜，常常黏在一起，一個月後你 　覺得兩個人在一起的時間太多，忽略了家人、朋友，所 　以你拒絕了他的約會，跟朋友一起吃晚餐。第二天他去	

	班上找你，把你拉到沒有人的樓梯間，打你罵你，他發洩完後離開樓梯間，當下你會怎樣做？會告訴老師或朋友嗎？會報警嗎？（邀請兩人演練）	
5分鐘	**結語** 在愛情的旅途上，不要因害怕感情受挫，而放棄了「學習去愛」的權利，反而更應對於「兩性交往的態度」持有正確的認知，不再「以自我為中心」，並懂得設身處地為對方著想，才是進入愛情寶殿的不二法門。 當兩人的感情變淡時，如何坦然面對「分手」更是我們同學須努力學習的課題。分手是藝術也是學問，如何避免悲劇的發生，理性的分手，在此更突顯其重要性。希望藉此課程的學習，使得我們在愛情的旅途上，走得更好更穩。 遇到恐怖情人的時候，我們要勇敢站出來，要學會向家人、老師求助，或打110報案，別讓恐怖情人再次傷害你。	
預期實施效果及評估		
95% 的青少年能夠對恐怖情人有進一步的認識，且知道因應的策略有哪些。		

四、性的界線

108 年度優秀設計教案

活動主題	身體界線
活動名稱	身體界線紅綠燈
活動目的	透過活動進行讓青少年能夠更明確了解自己的身體界線，同時學會同理並尊重他人感受，也希望他們在未來關係中能夠保護好自己，並且不誤觸他人底線。
活動目標	了解自己的身體界線，學會同理並尊重他人感受。
進行方式	透過活動及團體討論的方式，讓孩子開始思考身體界線的分寸重要性為何，以及如何保護自己。
活動時間	90 分鐘
活動對象與人數	國中 3 年級生 30 人

活動內容		
需要時間	活動步驟與帶領人員	活動資源
5 分鐘	**引導導讀** 當「對的人」出現時，我們要如何和他／她有進一步接觸，甚至談戀愛呢？愛情關係中，兩個人的身體應如何親近呢？很多女生會問：「我可以只有談戀愛而不要有性的接觸嗎？」「為什麼男生都喜歡有身體的接觸呢？」「難道我只是他發洩性慾的工具嗎？」「他是不是只有愛我的肉體呢？」談戀愛為什麼會出現這麼多的身體接觸呢？背後又代表哪些意義？面對這些身體接觸，我們應該「要」還是「不要」呢？如果選擇「要」，那麼到底應該接受多少呢？	
10 分鐘	◎**身體語言解讀師——身體界線** 　影片秒數：https://www.youtube.com/watch?v=bpKJUU6_kOI（8:16-10:18） ◎**性別與親密關係——身體界線** 　https://www.youtube.com/watch?v=wOtaG6Xkr08 ◎**分組：5-6 人一組。**	影片連結
5 分鐘	**薑餅人停看聽** 首先在黑板上畫出兩個男生及兩個女生的人形，接著發給每位學生紅、綠的磁鐵貼，綠色貼代表「可以被碰觸」，紅色貼代表「絕對不可以被碰觸」，再請學生針對男生人形貼上紅色及綠色貼，標示出他們認為「可被觸碰」以及「不可被觸碰」的位置。女性人形同上。 [1] 大型自製薑餅人 *2（正面和背面） [2] 紅燈、綠燈圓磁鐵貼（約 60 個）	薑餅人 [1] 磁鐵貼 [2]
10 分鐘	**團體討論時間** 讓孩子分組進行討論哪邊是身體的紅燈區（只有自己可以）、黃燈區（親密的家人或是伴侶可以），以及綠燈區（大家都可以），藉由討論找出自己和他人想法的異同之處，並且深入思考其中原因。	
10 分鐘	**小組分享** 請每組派一位同學上台分享本組的討論結果，例如對於綠燈部位的意見不一致，以及產生這樣不同想法的原因。	

	若同學都表示大家的想法都很一致時，教師們就可以提出自己的看法，以及我們自己在討論時不一樣的意見跟同學分享。	
10 分鐘	教師們會拿出事先貼好紅綠貼紙的薑餅人，和孩子們所貼的做比較，請孩子們進行思考，教師和自己貼的位置有什麼不一樣？為什麼？進而帶出可能是因為性別、年齡差距、生活習慣、不同世代文化所造成對於身體界線有不同的解讀。	
10 分鐘	以 PPT 進行教學，先給孩子看過二至三則身體界線相關新聞，讓孩子能夠依據新聞和社會時事，更快進入情境，了解現在社會上相關狀況屢見不鮮，應該要盡快建立正確認知。請學生進行反思，如果自己遇到類似情況應該怎麼處理，一旦有不舒服的感覺，應該怎麼勇敢拒絕，達到真正的彼此尊重。 新聞連結： https://www.chinatimes.com/realtimenews/20200512001460-260402?ctrack=mo_main_rtime_p03&chdtv https://www.storm.mg/lifestyle/2555552 https://kairos.news/189959	PPT
10 分鐘	**小劇場** 教師們設計一個情境劇的故事開頭（例如一對剛上高一的小情侶……），讓每組討論劇本，想想接下來可能會發生的故事。 教師另外會準備一些特殊情境卡，每組抽到的情境卡要將它融入故事中，完成自己組的故事。 情境： 1. 心儀已久的男生終於約我假日出去玩，帶著期待又興奮的心情，想著該穿什麼赴約呢？他又要帶我去哪裡呢？ 　（情境卡：去 u2、電影院、兒童新樂園） 2. 終於跟暗戀已久的男生在一起了！今天是我們第一個月的交往紀念日，該做什麼活動來慶祝交往滿一個月呢？ 　（情境卡：一起去甜點店吃蛋糕、去小巨蛋溜冰、去大安森林公園野餐）	情境卡數張

15 分鐘	請每一組孩子依照順序輪流進行表演，把剛剛討論的劇本內容演出來，聯合串成一整個故事。透過表演，孩子不但能更理解故事情境，而且觀看者也更好想像整個故事的走向。	
5 分鐘	最後和孩子重新講述一遍今天了解自己與他人身體界線的重點，並且邀請孩子給予回饋。 很多人在剛投入戀愛時，還不太明白自己想要的「愛」是什麼，而無法拿捏彼此之間「對的距離」。其實，我們每個人都有所謂的「人際界線」，但是需要彼此了解、同理。當我們了解男女在思想、行為上的相異點後，才有機會學習在愛裡更尊重對方、愛自己、善待自己了。」	
預期實施效果及評估		
1. 80% 的孩子可以了解自己及他人的身體界線。 2. 80% 的孩子可以對課程內容給予回饋。		

第三節　本章內容服務學習評量範例

　　服務學習中最重要的，並非是其中理論的操作是否成功，或是教案的設計如何精美，而是學習者有沒有在服務學習之中得到各種反思與成長。底下將提供兩位輔仁大學兒童與家庭系學生，去進行本章內容的服務學習之後，所提供的自我評量與反思，讓有志同道可以參考反思表格的設計，以及實際實行本章理論、教案之後的同學回饋。

一、同學 A 自評表

(一) 個人資料

姓名：同學 **A**
擔任小組任務（主要角色）：提供點子、想法，和教學模式 第 1 次：拍照 & 帶小組討論 & 適時幫助主帶順利帶活動 第 2 次：主帶 & 協助整個活動 第 3 次：PPT 播放 & 帶小組討論

(二) 活動參與

內容	學習者角度	服務者角度	建議／反思
對於（中學生）婚前教育內涵的認知（認知的層面）	大部分中學生比較沒有接觸婚前教育的機會，使得相關知識明顯不足，這也讓我觀察到中學生現階段對於婚前教育議題的想法及認識。但婚前教育的知識內容對所有人來說都很重要，我認為若能提早認識，就能用更正確的方式面對、處理與他人的關係，所以我也在過程中學習該用什麼方式讓學生更能接受婚前教育內容。	很多我們以為是理所當然的知識，對中學生來說其實是陌生的，教課過程更可發現他們對於很多知識的不了解，甚至進而有錯誤的觀念。透過這樣的教學不僅能給中學生更多婚前教育的正確觀念，同時也能激發他們的想法，與我們的觀念碰撞出更多火花。	很多人際關係經營的觀念及相關知識不只應該傳授給學生，也應該推廣給社會大眾，如果學校可以提早將相關知識納進教材提前讓學生建立觀念，對整個社會都有益處。尤其婚前教育其實是很靈活的，不是照本宣科而是讓中學生能夠對相關議題進行深入思考。在進行婚前教育教學之前，如果能夠更了解中學生對於相關議題的想法及認知，應該有助於教學上的安排。

內容	學習者角度	服務者角度	建議／反思
對於（中學生）婚前教育實施需求的感受（情意的層面）	現在學生大多滿早就有戀愛經驗，但是對於與異性的相處界線及溝通處理方式仍然有些懵懂。我們必須要包容他們因為年紀的關係，可能會有較不成熟的想法；另一方面也要盡力傳達婚前教育的內容，幫助他們建立正確觀念。而在過程中，我也體認到來自不同家庭的人會產生不同的想法與性格，我們必須儘量為不同背景的人設想，因材施教。	看到有學生因為我們的服務開始反思，從不在意到認真聽講、覺得受用，態度轉變的過程讓我覺得非常感動，也讓我意識到學生對於這些知識其實是感興趣的。就算目前還沒有另一半，但這些所學可以運用在與好友或家人的關係建立上，因此這些知識對他們是有實際收穫的。從中學生的回饋也可發現，他們對於婚前教育是有興趣且願意學習的，尤其也很需要透過參與討論講出自己的想法，被大家理解接納。	能夠學習到這些知識，讓我心存感激，同時覺得如果可以提早學習了解，或許我現在可以用更好的方式待人接物。因此，可以及早傳遞相關知識給中學生，相信對他們未來人際關係經營有很大幫助。而在進行教學之後，我建議可以先更深入了解被服務者的經歷以及對於婚前教育的需求來設計課程，有助於課程去蕪存菁，更快以他們有興趣的議題吸引注意力。
對於（中學生）婚前教育的實際參與操作（行為的層面）	在整個教學過程，學生的配合度都還不錯，只是在純講述理論時，學生會比較不感興趣，而且如果用太多時間講課，也會減少我們了解學生想法的機會，也不好掌握是否確實傳達訊	對我們來說，準備教學就等於是再一次的學習，也讓我們更積極地想要理解更多相關知識，想辦法轉化成更易懂的方式傳達給學生。帶參與討論時能夠讓他們更積極的參與在議題討論	中學生與大學生的學習模式有不小的差異，在帶領中學生討論理論性問題時，會更需要加入趣味性提升參與度；相對地，中學生也比較容易出現脫序行為及言語，該如何化解或面對臨機應變的能力，需要再多思考及培養。

內容	學習者角度	服務者角度	建議／反思
	息。所以需要結合理論與活動，多增加實務經驗的分享，或者透過體驗活動、影片觀賞進行引導，提升專注度也增加樂趣及學習動機。	當中，也更能了解他們對議題的看法。只是中學生滿活潑也有自己的想法，如何與他們建立良好關係同時維持上課秩序，是需要再多學習的課題。	

(三)　「服務學習」的省思

內容	活動前	活動後
對「服務學習」教學模式的（再）認識	本來有點不安，認為以我們的年紀去帶婚前教育課程是否說服力不足？即使已經上過課了，但自覺在婚姻議題裡仍是新手，真正進行服務學習之前其實有點沒頭緒，而且覺得很困難！但是透過傳遞知識、服務的過程，我們也學到很多前所未有的知識與經驗，這樣的服務與學習概念，原來可以從中學習到新東西。	終於重新認識了服務與學習的教學模式，我也真正的在這次活動中學習到了許多，這三週透過活動也讓我對議題的看法有了很多不一樣的認識，也沒想到原來可以從國中生身上學習到不同層面的東西，還有在服務中發現自己的缺失及學習如何補足，原來得到最多的是我自己！這是我在活動前沒想過的。
對「服務學習」教學模式的認同度	雖然基本上對於這樣的教學概念是認同的，但不是很了解真正的服務學習到底是一個什麼樣的模式，也懷疑自己是否有能力將所學知識回饋社會。對於學習可以理解，但對於服務有點不懂，一開始對於「服務」的體會並不深刻。	從學生的回饋中得知，我們教的內容是他們從未接觸的，並且帶給他們新的視野。活動後可以理解什麼是服務與學習，也了解為什麼是稱作「服務」了！也更認同服務學習這樣的教學模式，因為自己在服務學習的

內容	活動前	活動後
		教學模式中學習到了許多，有了很多的自我成長，尤其是在想法上，還有從服務中得到的回饋也是，都是讓我覺得感恩開心的。尤其知道學生回饋會將這些知識運用在生活中，讓我對服務學習的認同度大幅提升。
對「服務學習」教學模式實作的看法	一開始聽到服務會覺得比較像是幫助、協助的概念，慢慢的有感受到另一層意義：「讓我透過服務來進行自我學習」。因此，我們不僅僅只是單純地對他人付出並且還要讓自己在做這些事情的時候，引發其背後深層的情感和思維。	自己站在講台上，才真的能體會平常老師授課的辛苦！活動後才發現相較一般的教學課程，服務學習比較像是以中立立場分享，用比較輕鬆愉快的方式進行教學。備課過程中一直不斷反思自己對於這些知識的看法，也想了很多可以拉近和學生距離及吸引他們注意力的方式。深刻體驗到教學是一門很大的學問。

內容	活動前後
透過「服務學習」我有哪些成長、提升或改變？（可全寫或選擇其中幾項寫）	1. 個人成長（例如：自我肯定、信心、責任感等） 我覺得在自我肯定、自信心和責任感中都有很大的轉變。其實我一直以來都有自信不足的問題，光是站在大家面前報告就渾身不自在。這次的試教讓我在各方面都突破了既有框架，在準備及實施的過程中都促使我思考了很多，例如：我該帶給中學生的究竟是一般知識的傳授或者不同體驗？另外也因為兒家系老師的授課方式啟發了我，讓我不想只是像一般老師一樣讓孩子坐在下面單純地聽講，而是更想了解學生的想法，還有希望解決他們心裡潛藏已久卻可能不敢問其他大人的疑問，以及想透過團體討論的方式讓他們說出更多的想法、激發更多不同的思考方向。在準

內容	活動前後
	備的過程中，無形中也培養了自己的責任感，我一直記得老師說的希望讓大家看到我們兒家系的專業，所以更會全力以赴。實際到國中教學時，孩子的反饋很讓我感動，而且我在實際教學的經驗及思考深度都有顯著進步，覺得非常開心！另一方面也反思到自己有責任把兒家系的知識傳遞給社會大眾。藉由這次的試教，也讓我學習到和國中生相處的技巧。 2. 人際成長（例如：溝通領導、認同感、關懷別人等） 與組員之間的團隊精神很重要，討論教案設計時雖然常有激烈辯論，但都能讓彼此思緒更清晰，最重要的是從組員身上學到更多想法，而且能夠彼此尊重、互相交流一起成長。也因為有組員的協助與支持，我主帶的那週反應很棒，得到認同的感覺很開心！另一方面，我也會在下課時間主動找中學生們聊天、關心他們，也拉近了距離，並且更深入認識他們。在這些人際互動的過程裡，增加了我對人的敏感度及互動方式，相信對經營人際關係的品質都會有幫助。 3. 智性成長（例如：課程相關知識的運用、解決問題、批判能力等） 這次教學的內容可說是集合了目前在兒家系所學的精華！在準備教學中回想許多在課堂上學習到的知識，包括同學的報告，無形中深入複習了一遍。而這些養分都讓我們再運用於教學上，包括相關影片及小活動等等，讓我在運用教材上有很大的成長，並且更了解如何妥善運用、揀選適合的教學資源。此外，平常課堂上老師帶給我們的團體討論氛圍，能夠讓我有深度反思，於是我也將這樣的模式運用在對國中生的教學上，和組員在討論教案時也可以站在理性客觀的角度去給建議，大家是一起成長的。 4. 公民責任（例如：社會需求的敏感度、服務人群的責任感、組織能力等） 我發現社會上有需要兒家領域專業的族群非常多，其實學習到這些專業，都可以活用在日常生活，是人際互動中很實用的技巧，讓我產生更大的責任感，希望能夠將好的想

內容	活動前後
	法帶給需要的人。即使以後我不是從事相關產業，但也想盡可能地傳達在兒家系學到的專業給需要的周遭親友，讓他們得到需要的幫助。如果能夠將這些專業知識推廣到不同的群體，對於我們社會是很棒的正能量。
如果再有機會參與「服務學習」活動，你會有什麼建議？	1. 個人部分（意願、邀人參與、自我預備等） 服務學習雖然準備期很長也需要花很多腦力，但在開始服務學習後就會產生豐富的滿足感及成就感，一直覺得可以透過服務中學習到很多以前沒有機會學習到的事的感覺很特別，而且自己能夠成為更好的人。未來若還有機會我也希望可以邀請其他專業的朋友一起參與，而我認為自己也可以再多充實知識內涵，能夠提供學生更豐富的內容與回應。 2. 課程部分（時間長短、次數、作法等） 課程的部分我覺得理論講述的比重不用太多，但把重點放在團討會是不錯的選擇，會讓學生參與度提高，效果應會更好。不過這樣一來，對於時間的掌控就要更精準，可能在試教時得多多練習，才能做好時間分配。 3. 服務對象（哪些社區、族群等） 我認為服務對象不必侷限在國中生，有需要的地方就可以去做服務學習，例如：針對偏鄉地區，或是相對較沒資源的地方去做服務學習，因為他們平常能夠接觸的資訊又比一般人來的更少，所以會希望可以優先服務這樣子的對象。或者到親子館或是公托中心等地方帶活動，相信也會擦出不一樣的火花。
其他 （任何還要補充說明的話）	服務學習是一門很有意義的學問。過程中彼此都有所成長。謝謝老師給予了我們這樣好的機會，雖然準備的過程是辛苦而且緊張的，因為真的很怕帶不好，但在進行服務時我們可以進一步去同理他人，並且讓自己的心智更加成熟。整個活動參與也增加了自我價值感及自我肯定，大家都很樂在其中，可以服務他人是一種很棒的感覺，希望之後可以繼續下去。另外也建議老師可以事先提供我們一些服務學習的案例，畢竟這是我們第一次到外面將所學到的東西教導給別人，如果老師能夠事前給我們一些學長姐等的經驗分享，或許我們可以做得更好。

二、同學 B 自評表

(一) 個人資料

姓名：同學 B
擔任小組任務（主要角色）： 第 1 次：記錄 第 2 次：協帶 第 3 次：主帶

(二) 活動參與

內容	學習者角度	服務者角度	建議／反思
對於（中學生）婚前教育內涵的認知（認知的層面）	依國中生的年紀，可能對婚姻比較少現實層面的思考，因此對於婚姻教育的認知也較為表淺，往往以憧憬居多。但是透過愛情三角論、分手如何調適、約會六不等知識為基礎的課程，會讓他們對婚姻有更正確的認識以及務實的觀念。	正確的婚姻教育概念必須是從小就要建立的。國中生看似年紀輕，其實只要靜下心來，思考能力超乎我們想像。透過這樣的服務學習模式，我們不只是傳遞婚姻教育的觀念，而是在培養他們思考的能力。藉由這樣的服務學習，將此概念一點一點灌輸給他們，也許目前他們還沒有類似困擾，但這幾乎是每個人都會碰到的課題，如果先讓他們有基本認識，相信在未來他們會以更正確的方式面對。	以我個人來說，雖然平時會思考關於婚姻的問題，但也因為尚未親身經歷，有時會擔心自己不足以指導別人。而國中生的年紀更小，可能需要更長的時間讓他們進行思考，並且針對他們的能力傳遞訊息。
對於（中學生）婚前教育實施需	最大的感受是，國中生有時提出的想法很出乎意料，但	見到國中生對於我們提出的問題都很認真思考，實在很令人感動。服務者可	其實我認為情意層面的訊息，是我們最難去掌控的，因

內容	學習者角度	服務者角度	建議／反思
求的感受（情意的層面）	也提供我們另一個思考方向。所以我覺得學習者可以多多分享或提出自己的想法，透過與同儕之間的討論，也許對婚姻會有一些不一樣的想法與意見，這也是最好的回饋。	以多設計一些情境，讓學習者更能更快設身處地進行討論，在討論過程當中，彼此參與感更強，也會讓整個試教的氣氛更為活絡。	為它大多不會是外顯的行為，會需要更生動或具體的傳達方式，因此若是日後能夠更掌握到這點，將會更好。尤其關於性的議題較為敏感，主帶講話必須更有技巧。
對於（中學生）婚前教育的實際參與操作（行為的層面）	學習者多半對動態活動較有興趣，如果是長時間用 PPT 論述，會讓國中生注意力較不易集中。玩遊戲或分組討論則很能提升大家的參與度。因此在理論講述，或是較靜態的問答時，多半反應比較冷淡，但若是先進行遊戲再分組，氣氛熱絡且激盪出的討論很有深度。	服務者最大的挑戰之一就是吸引國中生的注意、引起興趣。畢竟他們的配合度愈高，整個活動的進行也會比較順利。回饋單顯示用遊戲進行很受學生歡迎，他們覺得很好玩，也希望可以多帶遊戲。加上學生對於婚姻教育可能較陌生，因此服務者可能需要更多的結合生活經驗或者設計遊戲去進行教學。	這幾次活動下來，發現只要掌握好活動節奏，整場就能順利進行。建議可以在活動進行之前，先與該班教師請教班級的特色風格，設計教案或是活動的進行當中，對於學生的掌握度也會更高。

(三)「服務學習」的省思

內容	活動前	活動後
對「服務學習」教學模式的（再）認識	其實對服務學習不算陌生，但畢竟自己可能對於婚姻也還沒有實際經驗，	我覺得活動結束後真的是學習的比實際付出的還多。進行主帶時，很感謝組員給我的支援，讓

內容	活動前	活動後
	一開始信心不是非常足夠，但執行後才體會到雖然說是服務學習，但是我們實際上所能得到的一切收穫，都會比自己原本想要的還要多很多，整體而言可說是學習大於服務。	我能更無後顧之憂地表現；而學生給我們的回饋不只表現在回饋單，課程當下他們的用心與投入，對我們而言都是很大的鼓勵。雖然事前有很多繁瑣的準備工作，但是當我們逐一完成時，於無形中已經學到許多東西。而實際教學現場也能從不同層面得到更多學習。對我而言，可說是以服務為出發點，進而不斷學習的過程。
對「服務學習」教學模式的認同度	服務學習是一種讓很多層面都有所成長的學習過程，相較於社會上有很多人埋頭讀書卻對整個世界感到冷漠，我認為服務學習能為社會帶來更多幫助，因此我本身的認同度相當高。	活動之後，我對於服務學習的認同度仍然很高，甚至覺得應該堅定持續做下去。透過這樣的服務，我們可以學習到很多書本以外的知識，讓心靈變得更富足。雖然滿累的，但是雙方都能得到很多回饋。
對「服務學習」教學模式實作的看法	在活動前我的想法很單純，可能就像過去的經驗，將自己平常所學的，設計成一個完整的教案再進行試教。只是這次的對象比較不一樣。有時候也會擔心活動是否適合？能否確切傳遞訊息？難免有點不安。	事前再多不安、不確定，都要到了現場實際做過才知道 ok 不 ok。等到實際試教時，才發現我還有很大的進步空間，因為國中生已經到了開始有自己想法的年紀，若是活動不夠有趣，他們參與度會很明顯下降，所幸組員們都能隨機應變微調活動。透過這一次，讓我對於青少年有了某種程度的了解。而我也感受到，服務學習的實作內容要很貼近該對象，才能夠吸引到他們的注意力。

內容	活動前後
透過「服務學習」我有哪些成長、提升或改變？（可全寫或選擇其中幾項寫）	1. 個人成長（例如：自我肯定、信心、責任感等） 教國中生是一個全新的挑戰，本來覺得他們是一群想法奇怪又很難接近的青少年。但是當看到他們很投入地寫學習單、參與遊戲，或是分享想法，完全打破我的成見。因此當完成試教後，我不僅對他們產生全新的想法，也明確感受到自己的成長。 當看到國中生很認真的分組討論、上台分享的想法又很有深度時，每帶完一次試教，我對自己的信心都會增加一點點，也讓我更有自認大學四年結束後，一定能累積更豐富的經驗。通常我對自己試教的結果會簡單分為滿意或不滿意，當然滿意的時候會很有信心，而不滿意時我也會與朋友討論，力求改進讓自己進步。所以無論試教結果滿意與否，都會為我帶來成長。 2. 人際成長（例如：溝通領導、認同感、關懷別人等） 這次的組員對我來說是很特別的，因為只有一個是跟我比較熟識的，其餘的人當中，甚至還有從未同組過的。一開始其實我有點緊張或是不太自在，不過如果不試著去認識對方，你永遠不會了解他是什麼樣的人！比如我們有一位組員，在進一步認識之後才發現他不但很有責任感，而且對任何任務都能迎刃而解！這次無論是討論模式或組員作風，都與我本來熟悉的不一樣，但後來轉念一想，也許不一樣的組合也會有意想不到的結果吧！到了期末大家逐漸熟稔，並且發現每個人的特點，也產生了這個小組的認同感。 我本身的性格比較按部就班，習慣制定規劃表，而這樣的性格也反映在這學期的報告裡，我會比較主動詢問組長是不是該進行分工，或是在討論時提出一些想法，讓整個時程更有規劃。 3. 智性成長（例如：課程相關知識的運用、解決問題、批判能力等） 這學期上課的內容對我來說是很生活化的，有些內容可能以前在課程上聽過，而對於婚姻方面的課程，也是很實際

內容	活動前後
	的，會讓我想要花很多時間去思考。當我把它們活用，然後設計成自己的教案並帶給國中生時，這種融會貫通的過程，讓我更踏實地感覺到，知識已經轉化成我的。 而在試教的過程當中，難免會有一些突發狀況，這些都是要靠臨機應變去處理的，像是設備突然無法使用、教案內容太早或太晚結束等等，都必須在最有效的時間內解決，無形中也大幅提升解決問題的能力。 我本身就喜歡思考一些人生的問題，這堂課有很多內容都讓我覺得很有意思，甚至還會跟我的非系上朋友熱烈討論，這樣的過程也讓我更認識自己，原來我喜愛思考、與人討論，這些激盪都會讓我感到快樂。 4. 公民責任（例如：社會需求的敏感度、服務人群的責任感、組織能力等） 我認為我現在所學的一切知識，將來都是要回饋給這個社會，傳授給自己的下一代，這都是要讓我們生活的環境、人民的素質不斷提升的，因此我會很珍惜每一次的服務機會。而服務也會讓我感到很快樂，因為是人與人之間的一種互動，這種關係是很微妙的，藉著這樣的一來一往，我們可以從自己的給予，以及他人的回饋，不斷去碰撞，產生出更不一樣的想法。
如果再有機會參與「服務學習」活動，你會有什麼建議？	1. 個人部分（意願、邀人參與、自我預備等） 我個人很希望能夠將所學回饋當地，所以很希望往後能再有這樣服務學習的機會，也希望能以新莊地區的國中為對象，與當地有更緊密的連結。 在自我預備方面，我覺得我可以增加創意的能力，設計出更有趣，或是更吸引國中生的方法。目前預計從平常多多參與不同活動，或是多多爭取一起帶活動的機會開始培養。 2. 課程部分（時間長短、次數、作法等） 一次兩小時是很不錯的，但是也許次數可以增加到四次，因為這樣跟國中生有更多接觸，累積對他們的了解。此外，我認為要先對學生程度有基本認識是很重要的，所以當我們訂定主題之後，可以考慮與國中教師先溝通學生在

內容	活動前後
	該領域的知識水平，又或是我們可以請國中提供想要我們進行教學的內容，然後根據這個再去進行教案設計，這樣也許課程更能投其所好、吸引學生。 3. 服務對象（哪些社區、族群等） 這次的對象是國中生，對我來說是很新鮮的，也是我第一次面對那麼多國中生，平常在輔大附幼是面對幼兒，在教會以及課輔班是面對國小生，就是沒有機會面對國中生，覺得是很想嘗試的教學對象。將來希望可以延伸到高中生或者回饋新莊地區。

第 3 章

心的距離
面對差異與衝突

只有男人和女人能夠尊重和接受
他們的不同，
愛情才有機會繁盛。
～John Gray

引言：一加一大於二？

馬鈴薯慘案

瑪莉跟湯姆剛結婚，恩恩愛愛地搬進新家，兩人今晚決定一同下廚來做頓大餐慰勞自己。瑪莉廚藝了得，湯姆卻極少入廚，所以由瑪莉為大廚，湯姆為備菜幫手，為了第一道的濃湯，瑪莉交給湯姆一籃馬鈴薯，並溫柔的吩咐：「親愛的，這邊的馬鈴薯幫我切一半就好喔，謝謝你。」

「沒問題，包在我身上，親愛的。」湯姆拍著胸脯說。

瑪莉得到湯姆信心滿滿的保證後，便轉身去照顧烤箱中的牛小排。過了半晌，湯姆帶著得意之作到瑪莉面前，只見瑪莉皺眉苦笑說：「親愛的，我是說這籃的馬鈴薯只要把一半的量都切了，不是把所有的馬鈴薯都切成一半啊。而且這皮也都沒有削……」

男女的框框

一句話可以有很多解讀方式，特別是在許多私人或不熟悉的領域中，個體往往都會依照自我經驗與價值觀去做出判斷與解讀，這點在許多的人身上都是，往往一句簡單的話語，就可有完全不同的詮釋，讓我們不禁思考，人和人之間是不是必然存在著某些距離？不過個人對於事物的獨特見解，可說是一種「框架思維」的展現。所謂的框架思維，就是個體的思考與判讀，都限縮在一個只與個體本身生命經驗與認知相關的框框裡，當然也會有社會、教育、文化上的集體影響，而放在我們所關心的婚姻教育上，可以鎖定在男女之間是否也存在這樣的差異框框。

在上一章中，就曾提及男女在青少年時期，生理所會產生的不同內分泌狀態，不光生理上的差別，男女在其情感表現、行為反應亦有著大小不同的差異存在。美國著名的諮商專家 John Gray 博士，在其暢銷名著《男女大不同》中，就其多年專業的婚姻、家庭諮商案例中，發展出了男女來自不同

星球的論調（蘇晴譯，2004），他說男人來自實際與積極的火星，而女人來自感性與關係性強的金星，兩種不同意識、語言的外星人如果要相處在一起，必然會有諸多需要轉譯的話語與行為，如果雙方找不到轉譯的點，溝通就會出現障礙，障礙多了就會變成麻煩。

男女不只生理構造上有顯著的差異，在其思維、感受與表達行為的選擇有時也相距甚遠，當愛情得意者跟你說一加一大於二的時候，千萬不要輕易相信，因為有時差異甚大的兩個一，加起來絕對就是爆炸性的負數壓力。所謂男女差異的現象，當然是就一般情形來說，此處並非說男性的特性就不會出現在女性身上，反之亦然，這是因為除了男女本身不同之外，尚有許多其他因素會影響人內心的組成，其中一個巨大的基底，就是我們的原生家庭。

美國極具影響力的家庭治療師 Virginnia Satir，在其治療生涯中，提出了無數對於家庭問題的溝通與解決方案。在每個人的問題背後，Satir 發現原生家庭的價值觀與狀況，深深地影響著人成長後的心理組成（吳就君譯，2009）。家庭可以說是人性最初製造的工廠，眾多個案現在的家庭問題，其實都源自於原生家庭。

原生家庭帶來的差異，會或隱或顯地主導著我們的行為，有多少家庭，就會帶來多少差異，除了去理解男女本身的不同之外，應更深入去思考這層問題。無論性別，只要能自覺地發現自我與他人的差異，並找到原因與對應的方式，那就能尊重甚至欣賞差異之處，並將負面的狀況改進，正向優點發揮更大的作用，使其在兩人關係中成為強大的助力。

相較於上一章是給青少年的婚前教育，本章將更注重在理性與思維能力已經較成熟的大學學子，且大學的開放性與自由度，也給予身處其中的男女一個自在發展關係的環境，畢竟戀愛亦是大學的必修學分之一。也因如此，若對於彼此沒有預備知識的狀況下，極易在相處中發生各式各樣的衝突與問題，所以針對自我理解與他人溝通的情緒教育需要在此階段開展，方能有機會幫助青年學子安然修完這堂課。特別是針對欠缺良好自我形象的人，在進入親密關係之前，能在安全的情境下探索原生家庭以認識自我並學

會疏導情緒，便可能發展新的觀點和角度來學習面對自己，愈來愈趨近「我有能力」（competence）、「我可以跟人產生關係連結」（relatedness）這兩個深層的心理需求（潘榮吉，2020b）。

底下選取四個主題：「男女差異」、「原生家庭」、「情緒智慧」、「愛的語言與表達」，來協助大學男女從理解差異、探索自我到溝通經營關係，讓這條兩性關係之路能走的更順遂。

第一節 差異溝通四主題

一、兩性大不同──男女差異

> 由於忘記彼此不同的重要事實，我們常對異性生氣或失望，我們期待異性和我們相像，希望他們「要我們所要的」，以及「以我們的方式去感受」。
>
> ～John Gray

火男金女

「男人從火星來，女人從金星來。」Gray 如是說。兩個不同的外星物種來到地球一起相處，卻忘了彼此本就有所差異，才導致男人認為女人難以溝通，女人認為男人不願傾聽。

男人重視力量跟能力，以及效率還有成就，當他達成某個成就與結果後，方能證明自己的存在價值與意義。「獨力」完成目標是他的宗旨，若受到非自己要求的建議，可能會導致他情緒的負面波動，然而親密伴侶陷入難題跟他吐露時，他容易立即給出解決難題的建議與答案來試圖幫助他。但他萬萬沒想到，常常對方需要的只是耐心的傾聽，所以他無法理解為何已提出解決問題的方法，伴侶為何還是如此難過、沮喪，或是在接下來的日子中讓

問題重複出現。長此以往，男人就會痛苦不堪，懷疑是不是自己的能力出現問題，或是對方為什麼總是執迷不悟，最後可能導致爭吵或逃避。

女人重視溝通、愛、美與關係，「她們透過感覺和關係品質來詮釋自己存在的意義；透過分享與建立關係來經歷滿足感。」（蘇晴譯，2004）比起獨力展示力量或能力的工作場域，她們選擇在生活中共同創造融洽、豐富的關係，看重溝通的交流，女人需要的是確立關係而非目標。她們具有高度的共感特質，並擁有強烈的直覺，這些特質致使她們一旦感受到身邊人經歷痛苦或難題，即會忍不住同理共情地給予建議，對她們而言這是愛的一種展現。但對男人來說，隨意指點他的事務，反而是質疑他能力跟存在的忌諱，不被信任與尊重的感覺油然而生，更不願接受建議來改變自己。

女人在自我遭遇難題時，需要的是有人可以傾聽與同感溝通，她們不一定需要所謂的「解答」，她們在意的是花時間讓情感在兩人之間流動無礙，只要感受到兩人站在一起就足已，但在追求效率的男人眼中，這不過是浪費時間擱置問題罷了。

當雙方無法理解對方在面對難題時的不同思維，衝突就會不斷發生。但若兩者理解對方的不同，或許就可採取別的策略，男人學著耐心傾聽不給解答，女人忍耐不要給任何建議，只要旁敲側擊地體諒他。女人對男人最常見的抱怨是男人不肯傾聽，男人對女人最常見的抱怨是女人總是企圖要改變他們。

簡言之，男人崇尚力量與效率，追求成就目標與問題答案；女人熱愛美與感受，追求建立溝通關係與品質的生活。

洞穴裡的沉思與談話中的治療

基於男人與女人的基本差異，當壓力降臨到他們的生活時，他們也常展現出完全不同的樣貌，這意味著他們需要的解決方式有所不同。

「火星人藉著獨自到他們的洞穴裡解決問題而獲得抒解。」（蘇晴譯，2004）當男人遇到問題時，他會跑進一個「私人的洞穴」中去專注解決問題，這洞穴可能是書房、陽台或是某個看不到的角落，不希望被人打

擾。而若問題暫時不能解決，男人就會藉由外在的刺激或感官的放鬆，來暫時緩解壓力忘卻問題，比如打遊戲、爬山等等，抒解過後又會回到洞穴繼續思考。在壓力中男人會變得越來越孤立以及集中注意力，以圖獨力地快速想出解決方案。

在洞穴中男人需要專注於問題，必然對外在事物過於忽略，甚至冷漠以對，這時若女人想把男人拖出洞穴，希望他給予關愛或注意，抑或是在他未請求之前就提出建議，就會產生極大的衝突。

「金星人藉著群聚在一起，坦然談論她們的問題而獲得抒解。」（蘇晴譯，2004:36）女人在承受壓力時，並不像男人急於找到答案或方法，而是會透過表達來讓人了解自己，在這個說話的過程中，她就會獲得放鬆。但在這個表達的過程中，問題會不斷地擴大與發散，使一個主要的問題變成許多大大小小的問題，而將這些問題談出來，就會讓女人覺得自己獲得了抒解。但女人往往為了忘記主要壓力來源帶來的痛苦，而陷溺在其他這些問題中難以自拔。

在井底滔滔談論自己所有問題或情緒的女人，這時需要的是傾聽與同感，並非解決方案，但男人在這時往往希望在這些問題中找尋線索並提供解答，當他發現這些問題不一定有邏輯，以及某些述說看似在責備自己時，他就會變得不耐而準備逃開。因為無法解決的問題加上質疑自己的責罵，違反了男人效率至上與能力、自尊的宗旨。

總而言之，男人會因為完成解決問題的複雜細節而滿足；女人則是因為談論問題的細節而滿足。基於尊重，若女人發現男人正在洞穴之中，若能給予孤獨的自由，並自行去做讓自己有益或快樂的事，將讓男人無後顧之憂地面對壓力；若男人發現女人有些情緒起伏需要述說時，能靜下心當個聽眾並給予情感的支持，忍受看似責備的話語，並放棄自己熱愛解答的心理，就能讓女人覺得被愛與感動。

若想在日常生活或是情緒的低谷時，去鼓舞男人，就是讓他覺得被需要，特別在愛情中，若他覺得被信任、感激或接受，他就會發揮自己全部

的潛能去表現出最好的一面。不被需要對男人來說，基本上就是一種慢性死亡，當他失去了被人需要的狀態，他就會走向自私與自我限縮。而若要鼓舞女人，就是去了解、認同她們，和她們站在一起，特別在愛情中通常女人覺得自己被理解、被愛，就足夠鼓舞她們繼續在關係中付出。但若要維持長久關係，女人就要懂得設立付出的界線，避免過度在乎伴侶而忽略自身需求，而男人要在專注解決問題之餘，學會不擅加評斷地聆聽女人，支援她抒發情緒的需求（蕭德蘭譯，2012）。

橡皮筋男人與波浪女人

「男女關係表現在愛的能力上時，男人是抽離又親近，女人則是上升又跌落。」（蘇晴譯，2004）這句話是將男人比做橡皮筋，女人比做波浪，換句話說，就是男人需要現實上的空間，在愛中他們會展現出抽離—親近—抽離無限循環的週期。所謂的抽離就是男人可能會毫無預警地需要獨自一個人，這與前面的洞穴有點像，無論是在壓力中還是在愛中，他們在某個時期都需要某個自己的空間，去撫平或解決自己的問題或情感。女人則是需要心理的空間，這個空間會出現上下起伏的情緒浪潮，高漲時女人無論何時何地都快樂無比、自信滿溢，但若處於低潮時女人就會變得情緒化跟脆弱，這時男人適切的參與和存在就很重要。

如果女人在男人需要抽離的時候捕捉他，後果就是得到冷漠以及反抗；男人如果在女人低潮時逃開不願傾聽，後果就是一場情緒風暴。男人爭取的是自由的空間，在某些時刻可獨自一人的遼闊世界，在這時女人若能自主去做讓自己快樂的事，男人也會減少負罪感。在他需要孤獨的時候千萬別逼他傾聽，若女人執意如此，久而久之男人就會開始不斷逃避、不願傾聽。女人則是需要難過時被「了解」，而非難過的「解決」方案。女人的情緒波動是一個浮動週期，並非全與男人相關，更別以為金錢可以處理所有問題，只要適切地時刻在旁耐心傾聽與支持，便可以協助女人在低潮時將所有情緒掃除乾淨，重新站上高峰。

　　男女若要達成上面相互尊重的愛之條件，需要一些前提。Gray（蕭德蘭譯，2012）提及了七種基本情感需求，其中「愛」的需求不因性別差異而有所不同，其他六項情感需求則深受性別影響（表 3-1）。

表 3-1　男女對愛的需求

女人需要感受到：	男人需要感受到：
愛	
關懷	信任
了解	接納
尊重	感謝

參考資料：蕭德蘭譯（2012）。**親愛的，為什麼我不懂你**（*Men, Women & Relationships: Making Peace With the Opposite Sex*）（原作者：John Gray）。臺北市：天下文化。

　　愛在此處被定義為一種聯繫、整合、分享與投入的態度，它可說是一種相互與共的感受。以上歸類只是 Gray 在他豐富的諮商經驗中所整理出來的大部分情況。參照這個需求表，我們或許可自行分析與判斷自我所需求的基本情感是什麼？之後可以進一步地去分析伴侶所需要的又是什麼？

　　再次強調，這裡的區分都是學者、諮商師自己多年的案例歸納後，方才列出的兩性差異，並非絕對性的不同，還是需要你我自行藉由這些選項去用心察找、體貼伴侶的情感需求，如此對症下藥，方能一切無礙。但若要更深層地去追尋伴侶的心理，以及其中潛藏的問題與差異，那麼就必須進入下個部分「原生家庭」的探討了。

二、自我的鏡子 —— 原生家庭的影響

　　原生家庭對一個人的影響非常大，它塑造我們的個性，影響我們的人格成長、親密關係、情緒互動，甚至我們在戀愛、婚姻中也不知

不覺地受原生家庭的影響。

〜黃維仁

　　每個人都有差異，不論生理或心理皆是，根深柢固在意識底層控制這些差異的，就是我們的原生家庭。原生家庭即是我們從小生長的那個家，這個家的物理環境，人口組成以及其中的人際互動，形塑了今天的我們，更驚人的是，從深層心理學的角度來說，不管我們在原生家庭中的經驗是否已在意識層面中被遺忘，這些經驗仍深深地左右著我們。

　　美國極富盛名的心理治療機構門寧格基金會（Menninger Foundation）更是提出一個「90 與 10 的原則」，發現人們當下發生人際及情緒問題的歸因，大概只有 10% 是跟當時事件有關係，而 90% 可能都跟一個人的原生家庭和過去成長經歷有關係（黃維仁，2017）。可見原生家庭對一個人的影響其實是如影隨形的。

　　林國亮（2004）指出，在交友、擇偶的期間，男女的互相吸引、選擇，以及彼此互動的模式都強烈受到雙方原生家庭經歷的影響。如果婚前能從原生家庭的角度出發探討彼此的差異，在分合之間做出正確的抉擇，可以減少未來許多的衝突。即使在愈來愈西化的現今，結婚在大多數華人社會中，依然不只是結「兩性之好」，同時也是結「兩姓之好」，也就是兩個家庭關係的連結，婚後兩個不同的原生家庭會直接對新成立的小家庭帶來相當程度的影響（潘榮吉，2020c）。

　　在自己的原生家庭中與家人的互動，以及家人的情感與行為，會在我們成長歲月中釋放出各式各樣的明示與暗示，隨時間慢慢內化成我們心中的規則與按鈕。在未來的日子，如遇到相似或相同的情境，這一規則與按鈕就會被開啟，最常顯現出這些規則的場域，即是在與伴侶的親密關係中，當規則或行為跟對方有所牴觸時，衝突就會發生，但這一切我們卻難以察覺為何如此。

　　如果沒辦法逆向察覺自身的這些烙印，很有可能會限制我們自身的發展，以及與他人展開關係的能力，甚至會讓各式在原生家庭中的創傷經驗重

演。特別在需要高度相連與尊重的親密關係中，原生家庭的烙印更會在雙方的相處、溝通與衝突中浮現，讓人做出不適當的投射以及衝突處理方式。是故要深入理解一個人，就必須進入到他的原生家庭中進行觀察與分析。

美國的家族治療師 Satir，經過多年的家庭治療後，深深的理解到一個家庭的自我價值觀、溝通方式、家庭規則，以及其中對內、對外關係性的強弱，是造成許多人心理組成的核心。在其所建構的「冰山理論」（Iceberg Theory）（圖 3-1）將一個人的行為表現視為冰山八分之一的可見部分，另外在底下的八分之七是人難以被看見的部分，其中包括了感官／情緒感受、感受的感受、觀點、期待、渴望、自我／我是等幾個大項，而這些項目都與原生家庭所給予的經驗有相當的關係。

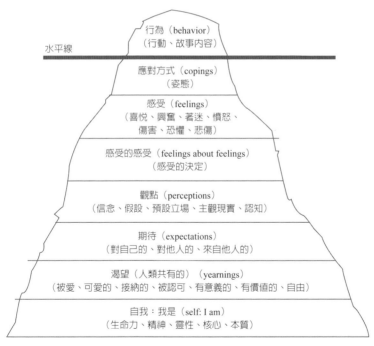

圖 3-1　Satir 模式 —— 個人內在冰山的隱喻

資料來源：林沈明瑩、陳登義、楊蓓譯（1998）。**薩提爾的家族治療模式**（*The Satir Model-Family Therapy and Beyond*）（原作者：Virginia Satir, John Banmen, Jane Gerber, & Maria Goromi）。臺北市：張老師文化。

　　Satir 在她另一本鉅作《家庭如何塑造人》（吳就君譯，2009）中，標示與分析出許多家庭的結構、關係、價值與角色的連動效應，並提供理解自我原生家庭的方式與思維。

我的家庭真可愛／怕——家庭中的四大問題：「自我價值」、「溝通」、「家庭系統」、「社會聯繫」

　　你喜歡你的家庭生活嗎？

　　你喜歡你的家人嗎？

　　你喜歡和家人相處嗎？

　　這三個問題就是 Satir 的起手式，如果回答中有所遲疑或負面的傾向，那麼就該捫心自問，我的家庭是否有問題？Satir 提及需要治療與幫助的家庭，在她多年的經驗中，主要集中在四方面：**「自我價值」、「溝通」、「家庭系統」、「社會聯繫」**，而這四方面也是可拿來自我分析原生家庭的方向，可結合 Satir 在其書中解析家庭的各個部分統整來看。

1. 自我價值

　　「自我價值」就是對自己的感覺與想法，Satir 用一個「罈子」的隱喻來說明。每個人內在都有一個罈子，在面對某些情境與狀況時，罈子中會裝著不同的情緒與情感，這些內容物就是我們的自我價值感，而且 Satir 相信「『罈子裡面裝著什麼』，不是天生的，而是學習來的。從何處學習？正是從你父母所創的家庭學來的。」（吳就君譯，2009）一個孩子在其成長的家庭中，看著各種情境發生時，父母所給予的判斷與評價，將會影響到孩子自我價值的展示，如果負面情緒與回應多，孩子的自尊心就會較低。這意味著罈中的生命力與正面的自我價值較為缺乏，將會導致未來這個孩子對外在世界的探索受阻，並容易自我貶低，進而將許多問題責任都推給別人，形成一種逃避的個性。

如果家庭給予的評價與判斷多爲正向與鼓勵，那麼孩子的罈子就較能充滿自信與探索的能量，孩子的自我價值感較高，相對地自尊也會較高，更能夠相信自己的能力。因家庭給予他自我肯定的基礎，在面對外在關係與衝突時，即能更堅強與誠實，而在愛自己的前提下，亦更具備愛人的能力。

2. 溝通

Satir 簡要說明，所謂的溝通就是「有關人如何與人們來往得更有意義」之方式，溝通的要素有六：肢體動作、價值觀、期待、感官、口語表達、累積的知識。Satir 從觀察諸多前來進行諮商的家庭互動中指出，一個 5 歲的孩子在家中就已經歷過 6 萬種上述的溝通互動，並將這些刻印在腦中，引導著他未來的生活。

面臨壓力或威脅的時候，人爲了自我保護，溝通往往都變得相當困難，易於發生衝突。Satir 根據上述的溝通要素，區分出在家庭中五種衝突的溝通模式：(1)「討好型」，這種人面對衝突時，只會一昧地討好他人，其內心將自我貶低爲無價值的人；(2)「責備型」，這種型態喜歡把責任與重擔都丟給別人，猶如一個獨裁者，但其內心卻是充滿著寂寞且不成功的感受；(3)「電腦型」，冷漠無情地說著分析與邏輯的話語，自身放棄感覺也不要別人給予反應，其內在其實吶喊著我易受傷害和脆弱；(4)「打岔型」，說話沒有重點，不停兜圈子說一大堆無邏輯的事物，其內心述說著沒人在乎我、關心我，我是個無容身之地的人。

以上四種是破壞人際眞誠溝通的型態，因這四型人都無法眞實的表達內心的想法，也不具有完整回應他人的話語。眞正能具有自我以及坦誠的溝通型態，就是最後的 (5)「一致型」，身心表裡如一，話語以及內心的想法能如實呈現，連表情以及身體姿態都一致，讓人可以相信其眞誠，願與之接觸、修復破裂關係。

　　若家中一直以上述四種方式「溝通」，必然會讓置身其中之人不知如何表達自我，更無能回應他人。唯有眞誠坦率說出自我的一致型，方能建構出眞實、完整的「我」，而要讓人能夠如此，家中必得要能保證有「說眞話」的胸襟，不然久而久之，家中便無人肯說肺腑之言，使溝通窒礙難行。

3. 家庭系統

　　Satir 在此特別強調家庭內部的連結與運作的方式，可以從「**家庭生活運轉規則**」（以下簡稱爲「家規」）與「家庭圖」略窺一二。

　　所謂的「家規」，不管是明確條列或約定俗成的，都是家庭系統裡面「運作的秩序」的具體展示。例如明文規定的可能是有沒有門禁、幾點；約定俗成的可以是吃飯時是否要全家坐定就位後才開動、吃飯時是否要以碗就口等類細節。當然也可能是涉及情感表達的方式，例如有些家庭強調對情緒絕對控制，要喜怒不形於色；有些家庭則主張家人情緒共享，彼此承擔。

　　家規是否能公開討論，去蕪存菁，對於家庭成員自我價值與家人關係發展具有顯著影響。如果家規是不允許表現情緒或是負面意見，那將造成自我價值感的低落或對家中成員的反抗，反之家規若是接納個人情感表達，那麼在這種家規生活下的自我就會成長。一旦「感覺」受到歡迎，那麼就有可能發展出不同的行爲或更適當的行爲。在規則中保有人情揮發的範圍，才能讓人眞正面對情緒，進而提升自我心靈的創造力與強度。

　　「家庭圖」（圖 3-2）是 Satir 提出檢視自我與家庭成員、成員與成員之間關係的方式。具體作法爲先設置一個圓，接著把家中主要成員畫出放置其中，再加入其他與家庭有關係的成員，逝世者或離開者也都畫出，然後將他們互相連線。而後在他們的頭頂放上「角色帽」，比如說王先生在家中同時是父親、丈夫與兒子三種角色，就畫三頂並標上角色。在連線的過程中請細細地思考「線」代表的意義，以及你對這個連線關係的感覺，接著探討你對於家中成員不同角色的設定與想法。如能與家中其他成員一起討論，便有助於家中成員互相理解與體諒，還能加深自我與家庭聯繫的關係與強度。

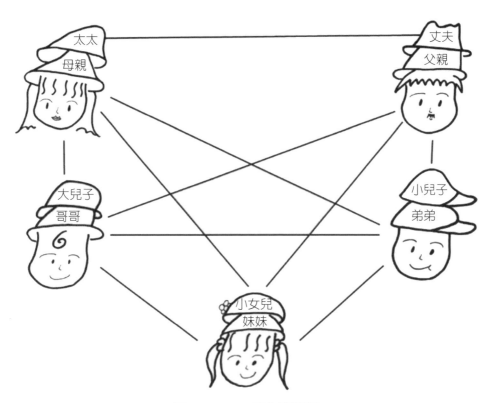

圖 3-2　Satir 原生家庭圖

資料來源：吳就君譯（2009）。**家庭如何塑造人**（*Peoplemaking*）（原作者：Virgina Satir）。臺北市：張老師文化。

　　不過，現在無論在諮商或社工領域，一般較常使用來繪製原生家庭家人關係的，是由 Murray Bowen 首先提倡、Monica McGoldrick 集大成發展出來的家系圖（Genogram）。家系圖的特色是將至少三代以上複雜關係用一張圖呈現出來。不但可點出家庭各個成員的特徵及彼此間關係模式，更可以讓讀者掌握家庭情境（林國亮，2004）。範例如圖 3-3：個案為 6 歲女童，與母親（20 歲）關係溝通中斷，父（23 歲）母關係衝突，與姑姑（18 歲）關係過度緊密。目前三代同堂，與祖父（51 歲）及祖母（50 歲）同住。

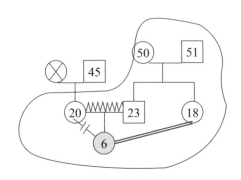

符號	代表意義	符號	代表意義
（圓）	案女	（方塊）	案男
(3X)	填歲數案女	[3X]	填歲數案男
○	女	□	男
(3X)	填歲數女	[3X]	填歲數男
⊗	亡女	⊠	亡男
———	連結	- - - - -	同居
⎿___⏌		⎿___⏌	
—✕—	離婚	⎿_/_⏌	分居
⎿/_//_⏌			
△	雙胞胎	△	某某人
1 子	1 子	2 子	2 子
3 子	3 子	4 子	4 子
———	正向關係	WWWWW	衝突
═══	正向親密	⨯⨯⨯⨯⨯	衝突又親密
━━━	過度親密	—/////	關係惡化
—‖—	溝通中斷	（生活圈形狀）	生活圈

圖 3-3　原生家族家系圖

資料來源：網路 https://reurl.cc/v5g76j

　　此外，Satir 將家庭系統分成主要的兩種類型——「封閉與開放」，兩者主要對於「變化」的反應不同。無論變化是來自內部還是外部，封閉系統面對變化的資訊時，系統內的成員各自爲政，系統的連結非常僵硬，在此系統中成員自我價值容易低落且反抗各種改變。開放系統面對變化來臨時，會討論並流通各自的資訊，各人皆可表達對於變化的感覺與意見，在此系統中成員的自我價值被看重，較能接受變化與挑戰。

　　原生家庭是封閉還是開放，又或是哪種混合的狀態，對我們具有決定性的影響，因我們有相當大的可能會將原生家庭的系統，複製到未來的親密關係與家庭中。就有如 Satir 所言：「等到這一代小孩長大成爲父母時，又回復到他們父母的模式養育孩子，於是，家庭就成爲『人』的第一個工廠。」（吳就君譯，2009）

4. 社會聯繫

　　相較於古代社會中的家庭結構，現今的家庭與社會許多組織都有更多複雜的聯繫，人們與家庭以外的聯繫相當複雜，特別是分工後的專業社會，許多知識已經由專業的人事與組織所統治與教授。眾多學習經驗已不斷從家庭中切割出去，就像學校、公司、研究機構等，人花上更多時間在家庭以外的組織去獲取物質或是權力，加上其在原生家庭並未完善的自我價值，將使人在社會中迷失，而重複家庭中的問題與創傷。若家庭成員與外在社會的聯繫方式或態度有所偏差，比如物質至上的觀念、權力的價值等等，都會帶入家庭之中，改變著成員的身心理狀態。但若自身能將自我的價值感提升，完善家庭須具備的功能，那麼對於外在世界方能以更加開放且可討論交流的方式進行，將成員從社會文化接受並回到家庭的單向灌輸，轉換成成員們互相回饋心得、收穫與想法的園地。

　　如果我們要學習如何建立親密關係，學習了解自己和對方的原生家庭是不可或缺的，因爲原生家庭對一個人的人格與親密關係的影響，是相當深遠且不易被察覺的。一般人際與親密關係中的很多死結，大都跟一個人的原生

家庭有關（黃維仁，2017）。

　　當我們離家愈久遠，在外面的經歷愈多時，原生家庭的影響也變得愈不直接。特別是原生家庭的組成分子，在我們生命中不再扮演權威或我們情感依附的對象，而我們愈來愈能正視過去他們對我們的影響時，我們是可以改變原生家庭文化的（林國亮，2004）。

你的孩子就是你的孩子 —— 依附理論

　　原生家庭還有一個對成人親密關係發展很重要的因素，就是依附關係。英國發展心理學家 John Bowlby，認為「與親人關係的品質，以及年幼時遭遇的情感剝奪，正是影響人格發展和與其他人慣常互動模式的最大主因。」（劉淑瓊譯，2015）。他的研究助理加拿大的 Marry Ainsworth 博士設計了一個著名實驗「陌生情境」（strange situation），為 Bowlby 的理論提供強而有力的證據。實驗過程是邀請一對一週歲嬰兒的母子進入陌生房間，幾分鐘後請母親離開房間，3 分鐘過後，再請母親回來。實驗觀察的重點在於母子分離時及母子重逢時孩子的反應。

　　孩子的反應可以分成四種類型，而這些類型會預示著他們將來的人格特性（黃維仁，2010；顧景怡譯，2016，177）：

1. 安全型（Secure attachment）

　　孩子在母親離開相處的空間後，他會哭泣一下子，接著就歸於安靜，自己玩玩具，母親回來時他會開心地要母親擁抱，抱了一陣子之後，便會自行離開懷抱出去玩耍。這樣的孩子長大比較能平衡情緒、對自己有清楚的認識，還能投入與別人互惠的關係中。

2. 逃避型（Avoidant attachment）

　　孩子在母親離開或回來時，都沒有太大反應，表面的情感相當平淡。這類型的孩子，大部分是因為主要照顧者疏於照顧或是易產生負面情緒，不願觸碰孩子。這樣的孩子長大後會比較不喜歡探索未知，相信自己、不信任他

人，壓抑內心情感，和他人關係相當疏離。

3. 焦慮型（Anxious-ambivalent attachment）

母親要離開時，孩子哭天搶地不讓母親走，母親走後，還是持續哭泣，無心做其他行為。母親回來時，他馬上就抱住母親，但還是哭泣，甚至有些孩子會打母親，焦慮感相當強。這種孩子不能預期是否能從主要照顧者得到撫慰，長大之後，容易誇大了自己的依附需求，心理相當敏感、易受影響，情緒容易極端化，太過依賴他人，不利於發展長久關係。

4. 紊亂型（Disorganized attachment）

不論母親離開或回來，小孩的情緒反應皆不太固定，常有矛盾的情緒，不知該擁抱母親還是跑走。這類的孩子，多經歷過令人害怕或驚嚇的主要照顧者，成長後不相信自己也不相信他人，對關係充滿矛盾與懼怕，是介於逃避型與焦慮型之間的型態。

除第一類外，其他三者（不安全型依附）都是因為在其原生家庭中，主要照顧者對孩子的關愛不足或是方式錯誤所產生。對於「愛」的渴望，每個孩子都一樣，只要有所缺乏或是錯落，對孩子的心理即會產生各式的負面影響，讓成長後的孩子面臨到許多自我或人際上的問題，不可不慎。

Bowlby 不僅從兒童身上觀察到依附關係的重要，他還曾針對二次大戰期間的寡婦進行研究，發現她們的行為模式很像無家可歸的兒童。最新的腦科學實驗研究發現，我們可以從孩子 18 個月大的依附型態，預測他 18 歲以後的依附型態，因為一個人身邊的人際環境可以影響腦的發展，由於 3 歲以前的嬰幼兒處於腦神經發展第一個關鍵期，所以人際環境對其影響最強（黃維仁，2017；顧景怡譯，2016）。

所幸依附型態是可能改變的，也就是說一個人能從不安全的童年依附，改變為安全的成年依附，方法是透過深層的自我反思而檢視調整自己的行為反應，這稱為「習得安全感」（learned security）。不安全依附的成人，當他開始學習理解童年經驗，以及這些經驗對成長過程的影響時，就啟動了

邁向安全依附的鑰匙（李昂譯，2013）。

三、破壞與建設──情緒智慧

> 任何人都會生氣，這沒什麼難的，但要能適時適所，以適當的方式
> 對適當的對象恰如其分地生氣，可就難上加難。
>
> ～Aristotélēs

前面兩部分的理論，都在討論人是否有差異？差異從何而來？當然也涉及了當差異產生衝突時的模式與應對方法，亦知曉許多衝突必然會伴隨著不同的情緒，這些情緒的引發也跟不同性別、經歷與原生家庭的形塑有關。面對問題時，只要和自己本身的情結或創傷經驗相關聯，情緒通常會壓倒理智，讓人作出後悔莫及的判斷與行為。

端看近代多起的情殺事件，或是因成績、家庭問題走上絕路的社會新聞等等，其中主角不乏高知識、高成就分子，不難發覺現今的人雖對如何獲取成就以及利益的方式有所精進，但控管情緒的思維與教育卻嚴重不足。前一小節說明了每個人差異以及情緒問題的來源，此處我們將著重於情緒發生、控管以及轉化的思考，簡言之就是 Emotional Intelligence，簡稱 EI（情緒智慧）。EI 一詞首先在學術界被提出來，後來 Emotional Quotient，簡稱 EQ（情緒智商），經由丹尼爾·高曼（Daniel Goleman）撰寫專書推廣，也被廣泛使用。由於不同學者在兩個詞使用上各有偏好，本文將 EI 與 EQ 互用。

早期對於個人成就以及能力之討論，多集中在 IQ 高低決定論，但經過多年來各方腦神經、心理、行為學家等的研究與探討後，察覺 IQ 並不能決定與保證人生活的成功或是圓滿度，IQ 高也不必然能站上社會的高階層。基本上 IQ 只占人成功可能的 20%，另有 80% 的其他因素，其中包含原本的家庭階級、經濟能力等，當然還有最重要的情緒管理能力（EQ），甚至若 EQ 較好，生活的滿意度以及成功的可能性更高。

哈佛大學心理學博士丹尼爾・高曼特別爲EQ的思維寫了《EQ──爲什麼 EQ 比 IQ 更重要》（張美惠譯 2010），來解釋 EQ 究竟是什麼，以及如何辨別情緒以及舒緩、控制的方式。

情緒浪潮──人類危險警示的大腦機制

> 人類在面臨危險、痛失親人、遭遇挫折、維繫夫妻關係、建立家庭等重要情境，都不容理智獨力擔綱，必須仰賴情緒的指引。每一種情緒都是可立即付諸行爲的明確指示，而且一再證明可充裕應付人生的挑戰。經過進化過程的無數演練，這些情緒武器深印在神經系統中成爲心靈的自發傾向。
>
> ～Daniel Goleman

人類在漫長的演化過程中，大腦也在由簡到繁的變化中，早期沒有語言的蠻荒時代，大腦先演化出的情緒機制，是先由分析氣味的嗅葉（olfactory lobe）開始產生，第一層用來分析氣味，看是食物、敵人還是其他；第二層就是藉由分類訊息來採取相應的動作，比如逃跑或吃食等。這些反應亦會激發相應的情緒出現，例如聞到敵人會恐懼或憤怒等，由此開始人類情感中樞的演化。接著是圍繞著腦幹的邊緣系統（limbic system）出現，爲腦部所收到的訊息增加實際的情緒功能，之後演變出皮質跟新皮質，特別是新皮質可以幫助人類對情境及情境中的問題做出有計畫的調整，是智力發展的長足躍進，但這仍是與情感中樞一起合作的過程。

情感中樞會激發情緒，但新皮質卻可以將情緒進行昇華、調節或抑制，但泰半時候情感會直接繞過新皮質，讓情緒直接掌控我們所有的行爲，主謀就是在邊緣系統中的「杏仁核」（amygdala）。邊緣系統有兩個部分，一是負責客觀記憶的「海馬迴」，另一就是將這些客觀記憶附上情緒的「杏仁核」。而杏仁核可說是我們的心理哨兵，監視著外在情況的風吹草動，一遇到危險的訊號，就會馬上啟動情緒反應，逼使人做出相應的行爲。

　　近代研究指出人類接受外在訊息的丘腦，有一條神經捷徑繞過新皮質通往「杏仁核」，這意味著很多情緒衝動是新皮質無法及時調節控管的，人即刻就會做出反應行動，若沒有相應的練習與教育，情緒失控的可能性就會大增。生物學家指出人之所以會有這條神經通道，讓情緒直接控管全身行動，是早期蠻荒環境所留下的烙印。試想在充滿危險的自然環境中，人必須時刻警戒並在遭遇危機時，不須思考便迅速做出反應。這種危機快速反應的「優點」，在現今變動快速的社會中，反而不利，因情境以及事物的複雜度增加，無法單一用某種情緒的危機處理方式便能做出適切反應，若只要感受到一點壓力或危害就直接情緒反應，將造成許多人際上的問題。不過還好，在人類的新皮質層中，發育成熟較晚的前額葉，就是這些情緒的守門員，用來調節、抑制情緒，前額葉亦可說就是理性的來源。

　　不過丘腦的捷徑可直接把訊息傳到杏仁核，故有許多不經過理智的「無意識」情緒記憶會存於杏仁核。海馬迴記錄客觀記憶，杏仁核給予情緒要素，情緒愈深刻記憶愈清楚，其中又以幼年記憶為最主要，這也是為什麼原生家庭對人的影響特別劇烈，也易產生隱形情結的原因。

　　那麼，要從哪方面去處理難以控管的情緒呢？

EI是什麼？

　　所謂的情緒智慧，耶魯的心理學家 Peter Salovey 等人為 EI 做出了四個簡要的定義，從這些定義中可看出情緒智慧努力的方向（Salovey, Mayer, Caruso, & Seung, 2008）。

1. 覺察自身的情緒

　　正確認識自身的情緒是開啟 EI 的鑰匙，要想控管情緒，必須先理解情緒的原因及正確覺察自己的情緒為何，且要接受而並非反抗或單純的抑制它，不了解自身情緒的人，必將成為情緒的階下囚。

　　這意味著你須隨時有「自覺」的能力，自覺是指你可以同時覺知自己

的情緒及對此情緒的想法，此為情緒智商最重要的第一步。如果自覺的強度高，時時訓練自己分辨，之後連無意識的情緒都有機會察覺，更有機會改善、增加情緒調節功能。

　　人在其原生家庭中潛移默化帶來的情緒包袱，若沒能發展出可以指認情緒類型的能力，在未來就算遭遇情緒問題，也可能會因無法說明導致情感障礙的問題，以為某些情緒反應是身體生病，無法發覺真正的病灶。

2. 善用情緒來促進認知系統

　　情緒並非無用，每種情緒都有自己的積極功能，若能專注在這些情緒的積極面，加上克制衝動與延遲滿足的自制力，將使情緒化為激勵我們向上的雙翼，可增進問題解決、理性、做決策及創意發想等能力。

　　情緒當然也可能對認知系統產生負面影響，例如心情低落時覺得自己一無是處。情緒的改變可影響認知系統從不同角度看待事情，心情低落時面對問題覺得困難重重，採取懷疑態度，但心情好時則容易看到問題解決的契機，而採取接受的態度。如果人能從懷疑變成接受的態度，就能對問題有更深刻及具創意的思考，這也是為什麼擁有豐富情緒感受力的人，可轉換出更多的創造力。同樣的，羨慕和嫉妒也幾乎是緊密相依的兩個情緒，羨慕可以激發出「有為者亦若是」的積極思考，也可能誘發出「為什麼他有我沒有、不公平」的嫉妒想法。

　　底下以常見的憤怒、焦慮和憂鬱三個情緒現象來思考其促進認知系統的方式。憤怒其實會帶出跳脫現狀的力量，並非不好的情緒，但若失控也易鑄下大錯。若要緩解輕微憤怒，可以在憤怒的當下去思索憤怒的原因，或是換個角度去反思他人的行為。但若是強烈的憤怒，可能就需要馬上轉換空間，或是轉移注意力到其他事物身上，例如出門散步或是閱讀書籍、看電影等。

　　焦慮是來自於對潛在威脅的危機意識，本來是好的，但若長期陷溺就會使身心出現問題。緩解的方式第一是自覺，即是在焦慮的當下就意識到這個

問題，即可提早做出疏導的放鬆行為，以減緩焦慮；第二也是換個角度去思考各種可能性與解決方案。如果已過度焦慮而產生精神官能症狀，那就必須尋求藥物以及專業的心理治療。

悲傷的情緒是人最難擺脫的，會導致長期的憂鬱狀態。悲傷之所以會讓人降低行動力，是為了讓我們有多點時間在家反思導致悲傷的原因及意義，若能踏出便能使自己的生命得到新的意義感與昇華。但若走不出悲傷導致長期憂鬱，便容易開始自怨自艾，貶低自我價值，甚至使得恐懼、痛苦、疏離等負面情緒一湧而來，最終沮喪度日。輕微的憂鬱現象可以用兩個方法去緩解，一是學習質疑憂鬱的原因，並用較具建設性的方式思考；二是刻意安排其他較愉悅的事物來轉移注意力。

3. 了解自己與他人的情緒

人的感覺並非單一的向度，常常是混雜各類情緒在其中，中文常用五味雜陳來形容我們的感覺。例如當我們和朋友相約吃飯，對方卻沒有準時抵達，我們可能會出現生氣的感受；又過了半小時手機一直聯絡不上，可能會出現擔心焦慮的情緒；一個小時後朋友終於出現時，我們的情緒可能夾雜著生氣與安心。體察情緒如何在不同情境下轉換，也是了解情緒重要的一環。此外在情緒詞彙字典裡的各類型情緒中，事實上存在著不同的強度，例如開心、喜悅、狂喜；生氣、憤怒、暴怒，擁有高度情緒智慧的人應該可以準確標示自己現在經歷的是哪一類情緒及強度為何。了解情緒也包含知道什麼事情引發了這個情緒，而這個情緒會帶來什麼後果。

同理心是了解他人情緒的關鍵，然而若對自我認知不足，這點也難以做到。同理即是能設身處地感受到他人的情緒，更重要的是能感受到情緒背後的原因，這有助於反向加強對於自我情緒的認知。具有同理心的人較能從他人細微的行為及表情變化，察覺對方情緒的波動以及其相應的需求，這種情緒同化並分析的能力，將讓這類人比他人更易掌握利他主義或是洞察人心的工作。

　　人同理心的高低，相當程度奠基於家庭中父母對於孩子的情緒反應，心理治療專家 Daniel Stem 指出：「在孩子知道父母對他的感覺感同身受並予以回饋時，這個過程稱爲感情的調和。」（張美惠譯，2010）反之，如果父母對於孩子的感覺長期忽略，就會使得孩子的情感失調，導致對他人的感覺冷漠，研究顯示這樣會降低孩子的同理心，並增加未來犯罪的可能性。因爲犯罪就是用自我的情感與邏輯去加諸在被害者身上，無法同感被害者的情緒。可以說，同理心對於自我、他人、家庭、社會皆同等重要。

4. 管理情緒

　　提起管理情緒，通常聯想到一個人可在面對負向刺激出現時，有效地抑制負面情緒而持續做出正確行動，或是能調節他人負面情緒，繼續帶領團隊不受影響地前進，然而這並不是心理學上「管理情緒」的眞意。所謂管理情緒不是壓抑情緒，而是面對正向或負向情緒感受時，都能採取開放的態度，不被當下的情緒綁架而做出直覺的行爲反應。換句話說，學習爭取當情緒出現時到行爲反應之間，有片刻空間進行理性思考。當某個情緒狀態出現時，管理情緒的能力也意味著我們可自由選擇是否積極投入、停留或抽離其中。

　　管理自身的情緒和人際關係的管理是一體兩面，管理情緒得當，人際關係也會好，反之亦然。基本上人際關係的管理，就是管理他人情緒的方式，能否成爲關係好、人緣佳、領導能力強的重要項目。不過要能處理自身與他人之間的情緒衝突，需要一定的自制力方能完成。如果無法自覺並平靜看待自身的情緒，就無法掌握他人的情緒，更遑論打好關係；情緒管理失當，必然在許多差異的衝突中失去控制；沒有同理心，基本上也難以在關鍵時刻與他人相處，加上情緒具有感染力，若無法運用自我激勵的方式，來轉化自我或他人的負面情緒，那麼將很容易陷入各種人際問題。在人際關係裡還有重要的一項「情感表達」，是人際關係前進的核心，如果沒辦法辨別或適切地說明自身情感及其意義，就易產生誤會與嫌隙。

簡言之，妥善管理情緒的方式，不脫三個方向：一是轉換時空；二是轉換角度思考；三是轉移注意力。

表 3-2 情緒智慧的四面向

1. 覺察情緒	確認情緒帶來的身體及心理狀態的能力。
	確認他人情緒的能力。
	準確表達情緒及相關需求的能力。
	能否精準誠實分辨感覺的能力。
2. 善用情緒	面對正面或負面感覺時，能重新思考及分辨優先順序的能力。
	透過情緒促發判斷及記憶的能力。
	標示心情的改變以促進多元觀點的能力。
	運用情緒狀態以增進問題解決及創意發想的能力。
3. 了解情緒	了解在不同情緒狀態下人際關係變化的能力。
	知覺情緒來源及後果的能力。
	了解複雜情緒感覺、情緒組合及矛盾狀態的能力。
	了解情緒轉變的能力。
4. 管理情緒	對正、負向感覺採取開放態度的能力。
	在情緒狀態當下可以監控並反思自己的行為能力。
	能自一個情緒狀態中採取投入、延續或抽離的能力。
	管理個人情緒的能力。
	管理他人情緒的能力。

資料來源：The Positive Psychology of Emotional Intelligence, by P. Salovey, J. D. Mayer, D. Caruso, & H. Y. Seung, 2008. In J. C. Cassady & M. A. Eissa (Eds), *Emotional Intelligence: Perspectives on Educational & Positive Psychology* (pp.185-208). Peter Lang Inc.

大人的責任——情緒教育

所有決策都有理性與感性的成分，兩者可能相輔相成，也可能彼此壓制，應追求平衡。猶如 Stem 所言：「我們人類可以說有兩個腦、兩顆心、兩種智力——理性與感性。生命的成就同時取捨於兩者，絕非 IQ 可單獨主宰，事實上，如果缺乏 EQ 的配合，智力絕不可能做最大的發揮。」（張美惠譯，2010）

如果學校、社會上的教育與經驗，都沒有告訴孩子或青少年如何去處理自身的情緒，而只注重在成績與利益的技能，當遇到觸發負面情緒的情境時，我們又如何能要求他們要自制並遵守規定呢？特別是連成人自身可能都管控不好情緒野獸時，又怎能對他們說三道四？情緒教育跟其他教育一樣，都是藉由不斷學習、累積經驗，直至遇見問題時可找出一條直接且確實的處理方式爲止。眾人有許多差異，只要溝通不良、具有偏見、不友善的表達等，衝突隨時隨地會爆發，Goleman 提及：「情緒管理技巧之所以特別困難，是因爲人們通常在心情低落時格外需要這些技巧，而這時候卻又最難接收新資訊或學習新的反應模式。」（張美惠譯，2010）這意味著平時的學習就相當重要，上陣時才不至於手足無措。

簡要的情緒教育方式，可讓學習者去體會自己的情緒，接受這些情緒，接著告訴他們可對情緒做出不同反應的選擇，只要選擇愈多個人的心靈就會愈自由，情緒的緩解也愈可能。另外，了解情緒背後的原因，並找出對應抒解的方式，並爲自己的行爲或決定負責，不可逃避情緒反應後選擇行爲的結果。最後也最重要的即是同理心，同理的程度愈高才愈能強化我們與他人的聯繫，並找出適當的方法來共同處理大家的情緒狀況。

了解到情緒管理之重要性後，接著若要在平時就打好人際關係、親密關係，可以用有效的「愛之語」來進行「投資」，讓關係在面臨衝突時，有累積的「情感資產」來緩衝甚至是化解情緒難關。

四、愛之語──情感的自我探索與表達

你會幾種語言呢？

　　一種語言代表一種世界觀，不同的世界觀就象徵著差異，學會一種語言，便可打開一個新世界，不須透過猜測或是比手畫腳，即可與不同種族文化的人們傳情達意，並減少誤會的發生。不同語言背後的文化與心靈結構，就是塑造不同民族意識形態的主要來源，認識一個語言除了溝通功能以外，相當程度也是在深入各種文化的內核，而在自我語言與他人語言的轉譯之間，互相交流價值並開闊意識與情感的疆界。

那愛呢？有愛的語言嗎？

　　從前文可知每個人生長的環境及原生家庭多有不同，加上後天經歷的差異，導致大家看似生活在同一個世界，但所需要的事物或是情感皆非同一，當然，不同人需要的「愛」亦是不同。愛的需要，必須藉由對自我的了解以及親密對象的幫助，方能有適切的滿足。正因如此，每個人需要的愛的模式不同，Gary Chapman 博士在長期協助他人的婚姻輔導中，發現了五種不同的「愛之語」（王雲良譯，2016），來增加、修補、理解人們的伴侶關係。據 Chapman 的說法，在愛中人人都說著不同的愛之語，若被忽視或錯待，將會讓關係出現裂縫甚至崩毀，不過很可能就連自己也不一定了解自己所需的是什麼樣的愛之語。

　　理解自己所需的愛之語為何，有助於建構自我的心理完整度，因愛之語的內核，就是奠基在自我缺乏或是渴望的部分，找出對應的愛之語，將能順便探究自己心靈的脆弱之地及堅強之所。現在就讓我們來看 Chapman 所說的五種愛之語到底為何。

肯定的言語（**Words of Affirmation**）

人類最深處的需要，可能是感覺被人欣賞。

～William James

被認同與讚賞，是眾人都殷切渴望的活水，特別是對於意識正要蓬勃發展的大學生來說，更為重要。認同對個體來說，是對自我存在價值的肯定與確認，在價值觀上的正面肯定，可激發個體正向發展的企圖與潛力。Chapman 認為在親密關係中，肯定的語言將會帶來不可思議的轉變，如果個體需要的正是此愛之語，語言就會形成強大的推力，將關係導正；不過對於指責型、批評型的人，就需要多加注意與用心，方能轉換負面思維，停止用言語破壞而不自知。

「肯定的語言」有許多類型，Chapman 在其書中指出讚美的話、激勵的話、仁慈的話語都是讓關係能正向發展的言語模式，特別是在有所求時，應用「謙遜的語氣」轉換要求為請求，就能化腐朽為神奇。肯定的語言在愛之語中，有分直接與間接的方式，端看對方的需求以及情境設定，對於沒有對象的成年前期的大學生來說，肯定的語言可幫助他們建立積極與正面的行動與思想，就像 William James 所言，人的內心深處都渴望被欣賞。在華人家庭中，父母對孩子肯定的話語較容易轉換成要求或命令，對孩子來說這皆是一種對於個體發展的阻力。是故若學生在自我分析後，發現肯定的語言是其重要的愛之語，那麼教導者就可告訴他在許多關鍵的考驗時刻，應多用肯定的心理暗示語言，協助自我完成事物，並建立起自信的人格。

缺乏肯定語言的人，容易出現自卑、怯懦以及自我否定的現象，這點與原生家庭的經驗以及生活經歷有關，教導者在幫助成年前期的大學生學習肯定語言的過程中，不只是讓他們了解到肯定的語言對將來的親密關係有所幫助，也是對自我心理的一種探索與思考。

當我們聽到肯定的言詞，我們就會被激勵，願意回報。

Chapman 如是說，不管是自己對自己說，或是對你欲發展關係的朋友、親人或伴侶皆可收到效果，若對象正好需要，那便事半功倍，感情加溫，愛在心頭口應常開。

精心的時刻（Quality Time）

> 精心時刻之意義，並非指我們必須用所有共處的時間，凝視著對方；而應該是說，兩個人同心一起做些什麼，並且給予對方全部的注意力。
>
> 〜Gary Chapman

人與人之間的關係，光用語言的烹調並不會發出香氣，還需要很多細心的調味與時間的醞釀，方成一碗無論何時都能溫人心腸的湯。精心的時刻，就是不斷在關係中細細放入各種香料，讓生活得以多些滋味。「時刻」所指並非只將關係中的人徒然的放置在同一個空間就好，而是須花心思對談與活動，無意義的對坐枯耗只會更消耗關係中的養分。想像你若與想發展關係的人一同說話活動，要是話語只是單方面的述說或傾聽，而活動各做各的沒有交集，就失去「一起」的意義，反而會讓關係更僵化。

精心的時刻，Chapman 認為主要可分為「精心的會話」與「精心的活動」兩類。

精心的會話必須雙方專注，並能同理對方的想法，還具有自我表白的能力。對話之時必須保持眼神的注視，專心一致放下其他事務，除了傾聽對方的言語，還須注意對方話語背後的感覺及肢體表現出的訊息，特別重點是不要截斷對方的話，如此尚可稱為一場有真實交流的對話。如此的說話強度，日常必得練習，注意自己生活中所發生的每件事，且嘗試說明自己對於事件的看法與感觸，並於每日與想要發展關係的對象，提出今日想要分享的

事件與感受，時間一久便有機會能掌握。

精心的活動，是兩人一同參與個體自我或是對象有興趣的（或兩人一同有的）事務：「重點是兩人同在一起，一起做什麼事，給予彼此不分散的注意力。」（王雲良譯，2016）基本上精心的活動可以是各種活動，只要兩人投入到活動之中皆可，且精心的活動還有個不錯的副產品：「精心活動的副產品之一，是在未來的年月中，我們可以從中提取。」（王雲良譯，2016）這意味著這些精心的活動都會變成將來可回味的回憶，成為相處的珍珠時刻，有助於兩人關係的保存與重溫，畢竟很多時候幫助人撐過痛苦的，往往不是現實的事物，而是回憶的支持。

當然，你所想「發展關係的人」，並不限於愛戀的對象，可以是親人、朋友甚至是「自己」。

接受禮物（Gift）

禮物是愛的視覺象徵。

~Gary Chapman

Chapman 本身也是一位人類學家，在觀察全球各地的原始住民或是古代種族之後，他發現在各民族婚姻與愛情的文化模式中，都有贈送禮物的傳統，讓他不禁思考著送禮物是否就是人類文化普遍表達愛的方式？正因如此，更讓他思索著是否愛總是與被給予的概念相伴？不論答案如何，「禮物」絕對是愛中不可或缺的項目。

另一位人類學家 Marcel Mauss 也非常看重各文化中送與接收禮物的案例，特別他在研究毛利人的禮物交換時發現，毛利人認為禮物中包含著贈送者的「靈魂」，意味著禮物有著對方「靈魂的重量」。姑且不論這個說法背後的文化意涵，若放在此處的愛之語，這也正說明著送禮的重要性，對著自己想要發展關係的人，判別、思考並選定適合對方的禮物，只要我們出自真心，這份禮物必將我們靈魂中對對方的想望傳遞出去。

　　禮物的形式不限，可以是孩子在庭院中撿來的一朵花；可以是情人給予的一封信；可以是給太太的一條項鍊，重點在於把我們的愛具現化在每個需要展示的時刻，這些愛的象徵物也會記錄並增加愛的重量。當對方的愛之語就是「接受禮物」時，恭喜你，Chapman 說在五項愛之語中，這絕對是最容易學習的一項，只要好好地記錄對方的喜好與對事物的看法，送禮絕不是件苦差事，一切端看於我們是否願意記得所愛之人的喜好。

　　另外一種禮物的形式，就是「自己」。

　　許多關係的失落，就是許多時刻對方的不在場：孩子第一次的表演，父母因爲工作不在場；太太育兒崩潰時，先生不在場；情人需要安慰時，另一半不在場等等。將「自己當作禮物」意味的就是「在場作伴」（王雲良譯，2016），只要你想發展或要維持關係的對象需要你時，你就在那裡陪伴，特別是對於愛之語就是「接受禮物」的人，你的在場就是最好的愛之禮。

服務的行動（Acts of Service）

　　所謂服務的行動，是指你的配偶想要你做的事。

　　　　　　　　　　　　　　　　　　　　　～Gary Chapman

　　在資本主義的社會中，只要有錢，每日都可被人服務，但在愛的關係中，所謂的服務並不是奠基在利益交換或高低階級的行爲，而是希冀對方眞心喜悅。所以若是服務行爲有所變調，例如變成一種要求、命令與單純的責任，都會讓關係出現裂痕或走調。

　　當你設法替你想發展或持續關係的對象服務，而使他（她）心情愉悅時，你就是藉著這些爲他（她）服務的行動去表達你的愛。這些行動不分大小，重點在我們爲對方的心，只要我們在做這些行動時是以正面的態度，便是愛的表現。而我們若要釋放需要給予對方時，務必記得這些行動的發生點在於對方願意對你表達愛，是一種請求而非要求與命令對方完成，就如

Chapman 所言：「請求會引導愛，而要求卻阻礙愛的流通。」（王雲良譯，2016）

　　此一愛之語其實用最多的不在親密關係的兩人，而是在父母為子女所做的許多事中呈現，亦是父母最習慣表達愛的方式，眾多對於孩子的服務行為，只要父母的心態正確，多半都是以愛為出發點，並純粹地希望孩子能取得優勢或快樂。只是父母很常忘了愛是雙向而非單向，單向的愛往往會帶來壓力、誤解，會讓孩子失去正向的情感。這點也讓我們明白，服務的行動絕不能落入刻板印象或是社會文化的框限，因為每個人都是獨一無二的存在，無論是誰都有自己特別的需要，當服務的行為沒有站在對方的立場上去想，或是為了對方某個正向激發的可能所產生時，往往都會變成另一種壓迫或是惡夢。

　　當你能為對象思考並在他需要時做出適切的幫助，那麼恭喜你，你就學會這個愛之語了。

身體的接觸（Physical Touch）

> 身體的接觸可以建立或破壞一種關係；它可以傳達恨或者愛。
>
> ～Gary Chapman

　　心理學家 Harry Harlow 曾做過著名的恆河猴實驗，來探討是否「有奶就是娘」的概念。Harlow 將剛出生的幼猴與母猴分離，再做兩個母猴模型，一個由絨布構成、一個由鐵絲構成，但只有鐵絲母猴模型有奶水裝置。Harlow 發現，幼猴只有在飢餓的時候，才會接近鐵絲母猴吸奶，其餘時間都與絨布母猴在一起。Harlow 因此得出了一個結論，就是幼年時期單純滿足生理需求，並無法讓幼童得到安全感或是愛，身體的接觸才是讓幼童感到愛與依戀感的主要要素。

　　許多口語無法表達的愛，需要用身體的接觸來傳遞，不過在成年前期的大學生階段，應強調的是無性暗示的接觸，主要的目的是建立情感。畢竟

各樣的關係應該要建立在完整的知識，以及兼具理性與感性的個體，方才能往正確的方向開展。簡單的握手、擁抱、拍肩或摸頭，都可帶給人安慰、鼓勵，甚至是被理解的感受，人說無聲勝有聲，身體的接觸便是這樣的關係增進方式。

　　有人說女孩較適合這樣的方式，其實男孩也一樣需要，要記住學習愛之語不能被刻板印象所侷限，須重視每個人不同的經驗與需求。成年前期的大學生階段，應學習如何積極的在正確的時間地點，以適切的方式來運用這個身體接觸增進關係，亦須分辨哪些接觸是不當的，哪些是合宜的。父母則最應學習身體接觸來鼓勵孩子，特別是東方文化下的父母因角色扮演的問題，時常忽略孩子對於身體接觸的需求，有時一個簡單的握手或擁抱，就能飽滿或撫慰孩子的心。

　　這五種愛之語，可讓人分析自我或是對象在關係中所需要的養分為何，進而提升自我理解與建構的能力，更可與想發展持續關係的對象增進關係的質量與分量。愛之語的對象不限於親密對象，更可包含親人、朋友，人人皆有他最重要的一項愛之語，若能對此項目進行重點「存款」，便能使得你的關係投資更上層樓。

第二節　本章內容設計教案範例

　　底下設計的教案，都是學習本章課程內容後，不同學年度學生於設計後與筆者討論修改的優秀教案，配合課程的四大主題分別是：(1) 男女差異——「愛我請懂我」；(2) 原生家庭——「『原』來如此」；(3) 情緒智慧——「情知所起」；(4) 愛的語言與表達——「從心發現愛，把愛說出來」，請家庭教育的同好參考與指教。

一、男女差異

102 學年度優秀設計教案

活動主題	兩性差異與和諧關係	
活動名稱	愛我請懂我	
活動目的	希望以多元的方式呈現關係中的差異衝突，並讓學員在活動中有思考及討論的機會，藉此學習體諒雙方的差異，以求當衝突發生時能使用良好的應變方式，讓關係減少損傷，恢復和諧。	
活動目標	1. 學員能察覺並接受兩性有差異。 2. 學員能了解差異與衝突的原因與關係。 3. 學員能區辨五種衝突模式及應變型態，並嘗試在生活中的衝突裡尋求雙贏。 4. 學員能了解愛的存款的意義，並能在生活中練習。	
進行方式	帶領人透過遊戲互動、小組討論、PPT 講述等項目，呈現課程內容。	
活動時間	90 分鐘	
活動對象與人數	法律系大一學生，共 28 名	
活動內容		
需要時間	活動步驟與帶領人員	活動資源
5 分鐘	**暖身** 1. 請學員進行分組。 2. 播放舒緩音樂。	分組名單
10 分鐘	**哪裡不一樣 ?!** 1. 發給所有學員每人一張紙條，請眾人寫下自己認為男生、女生之間的差異，並寫下對男生、女生的形容詞。 2. 將紙卡揉成小球，並將紙球丟向對角。 3. 請學員撿起他人擲出的紙球，並邀請幾個人分享他們手中的內容。根據其所回答的做初步的統計（例如：相同的舉手）。	紙條

25 分鐘	**危機就是轉機** ◎**體驗遊戲：瞎子摸象**（5m） 1. 各組派一個人出場，輪流摸百寶箱裡面的東西。 2. 摸完之後，請每個人用兩句話形容摸到的感覺。 3. 主持人揭曉百寶箱裡面的東西。 ◎**認識差異與衝突** 1. 講解衝突。 2. 講解五種衝突模式及應對模式。 3. 運用《同床異夢》影片中的截圖，讓學員分組討論主角所使用的應變型態及可能的發展。 4. 邀請一組上台分享討論結果。	百寶箱 置於百寶箱裡面的東西 色筆 海報紙 授課 PPT
10 分鐘	**休息**	
35 分鐘	**分組討論** 1. 由帶領人帶領學員分組討論下列問題，各組挑選一人做記錄：(1) 異性最常帶給我們的困擾是什麼？(2) 我們該如何做才能讓異性感受到愛？ 2. 播放電影《同床異夢》的一小片段。 3. 由帶領人帶領學員分組討論：(1) 在影片中看見了什麼？(2) 男女主角為什麼起爭執？(3) 如果是你／妳會怎麼做？（各組挑選一人做記錄） 4. 以 PPT 介紹及給予學員建議男女雙方如何智慧存款，存一進百，讓對方可以感受到愛。	色筆 海報紙 授課 PPT
5 分鐘	**愛的存款：Q&A、回應** 1. 由帶領人發下各種顏色便條紙，請法律系同學將當日感謝他人的話，或是想要對他人做的存款內容寫在便條紙上，對折後投入大會提供的透明容器中。 2. 詢問是否有針對課程的問題或願意針對當日課程予以回應。	各色便條（名片大小）數張 透明容器一個 授課 PPT
預期實施效果及評估		
1. 經過「哪裡不一樣!?」課程活動，約 70% 的學員能夠察覺並接受兩性有差異。 2. 經過「危機就是轉機」課程活動，約 70% 的學員能夠了解差異與衝突的原因與關係。		

3. 經過「危機就是轉機」課程活動，約 70% 的學員能夠區辨五種衝突模式及應變型態，並嘗試在生活中的衝突裡尋求雙贏。

4. 經過「愛的存款」活動，約 70% 的學員能夠了解愛的存款的意義，並能在生活中練習。

二、原生家庭

100 學年度優秀設計教案

活動主題	原生家庭對個人和親密關係之影響
活動名稱	「原」來如此
活動目的	1. 學員能察覺原生家庭對自己性格和親密關係的影響。 2. 學員能理解原生家庭關係圖。
活動目標	藉由本次的活動，讓參與者了解原生家庭是如何在潛意識中，深深影響著個人及親密關係，並引導參與者察覺自身隱形的內在問題，進而學習為自己的心理情結負責。
進行方式	主要以 PowerPoint 搭配口頭講述進行活動，過程中會帶領學員進行討論和分享，並徵求學員上台與我們互動，協助呈現原生家庭對個人的影響，最後以相關影片作結。
活動時間	90 分鐘
活動對象與人數	法律系大一學生，共 30 人

活動內容		
需要時間	活動步驟與帶領人員	活動資源
5 分鐘	學員報到、簽到、進行分組	名牌、報到單、筆
30 分鐘	**活動一** 1. 課程 PPT：說明什麼是原生家庭？ 2. 播放自製影片：《安室愛美惠》（原生家庭影響個人習慣及觀念的影片）。 3. 討論：請學員分成三組，分享原生家庭對自己是否有造成影響？影響了哪些事情呢？（最受不了的事情？例如：擠牙膏）	課程 PPT 影片——安室愛美惠

	4. 示範組示範。 5. 活動：請學員以戲劇方式分組上台呈現討論內容。	
15 分鐘	**活動二** 1. 課程 PPT：講解 Dr. Olson, and Sprenkle「原生家庭關係圖」。 2. 發下印有「原生家庭關係圖」的紙張，請學員將原生家庭中家人間互動的親密度與彈性度標示出來。 3. 活動：徵求 7 位學員上台協助我們呈現原生家庭如何影響個人。	課程 PPT「原生家庭關係圖」 40 張線 名牌
25 分鐘	**活動三** 1. 播放電影《Kiss 情人》（原生家庭父母衝突模式與對自己的影響之片段）。 2. 課程 PPT：複習「衝突模式」。 3. 發下印有「衝突模式圖」的紙張，請學員標示出父母主要和次要的衝突模式。 4. 討論：請學員分享個人衝突模式是否有和父母相似或反其道而行的現象出現？	課程 PPT 影片《Kiss 情人》 「衝突模式圖」 40 張
15 分鐘	**活動四** 1. 播放電影《Kiss 情人》（結局片段，男女主角了解原生家庭對自己的影響並願意彼此改變、珍惜對方）。 2. 結語：幸福快樂掌握在自己手裡，從今天開始，所做的每一個選擇都要自己負責，我們就是未來我們子女的原生家庭！過去不對的事情，不要持續下去；過去好的祝福，我們繼續把它傳承下去。	

預期實施效果及評估

1. 80% 的學員能察覺原生家庭對自己性格和親密關係的影響。
2. 90% 的學員能理解原生家庭關係圖。

三、情緒智慧

102 學年度優秀設計教案

活動主題	認識情緒智慧
活動名稱	情知所起
活動目的	希望以多元的方式幫助學員能夠覺察、理解自己與他人的情緒，並學習標明及處理情緒的狀態。利用思考及討論的機會，學習掌握自己的情緒按鈕，為自己的情緒負責，並應用在日常生活當中。
活動目標	1. 學員能了解情緒的遙控器是掌握在自己手中。 2. 學員能接受每個人對同一件事的反應不同。 3. 學員能針對不同的情緒標示明確的詞彙。 4. 學員能練習使用圖像語言表達自己的感覺。 5. 學員能嘗試同理他人的情緒。 6. 學員能整合所學並練習運用在生活中。
進行方式	帶領人透過遊戲互動、小組討論、PPT 講述等項目，呈現課程內容。
活動時間	90 分鐘
活動對象與人數	法律系大一學生，共 27 名

活動內容		
需要時間	活動步驟與帶領人員	活動資源
5 分鐘	**暖身** 1. 請學員進行分組。 2. 播放舒緩音樂。	分組名單
15 分鐘	**情緒卡麥啦** 1. 以 PPT 帶入情緒掌握在自己手中的概念。 2. 用投影片呈現劇本。 3. 請各組分別派一位同學上台，共同選擇一種情緒，分配完角色後，以選擇的情緒演出劇情（總共進行三次不同情緒）。	PPT、 小劇本、 情緒籤、 容器

15 分鐘	**家庭的異想世界** 1. 在帶領者的引導之下，聽一段 5 分鐘的音樂。 2. 聽完小組分享後，聽到音樂時，有什麼感覺，讓學員互相描述及分享感覺及畫面。 3. 闡述每個人都可以因為生長背景不同、經驗不同，而可以擁有不同的感覺。邀請各組派一人代表分享討論的結果。	音樂
10 分鐘	**休息**	
15 分鐘	**正負二度心** 1. 請各組利用一首歌的時間在便利貼上以麥克筆寫下各式情緒的字眼。 2. 以 PPT 講解情緒可能有正負向，有些詞彙模擬兩可。 3. 在白板上以 PPT 投影三個區塊（正向、負向、不明），請各組派人將便利貼貼在他們所認為其所對應的白板區域上。 4. 主帶就上面的結果帶大家討論： 　・同樣的詞彙出現在不同的區域。 　・貼在不明處的詞彙。 　・事實與情緒字眼的分別。 5. 以 PPT 帶入結尾，說明若有愈多的情緒詞彙就愈能清楚表達自己。	便利貼 （裁半） *150 麥克筆 *10 PPT 歌曲
15 分鐘	**說出心中的情畫** 1. 請各組派出一人組成一個小團體，利用角色扮演的方式表現出定格的情境畫面，由其他學員猜想他們想表達的是什麼情緒。（視時間可再做一次） 2. 以 PPT 講授，讓學員了解表達感受的重要性。帶入「四口語言圖像井」（自然、每日事務、想像、回憶）的概念，以幫助學員在接下來的練習有更豐富的語言圖像。 3. 說明「表達感受練習」步驟，並在組內兩兩進行練習。 4. 邀請學員上台演練或分享心得。	授課 PPT

15 分鐘	**總結：邁向親密之旅（發回應單）**	回應單
	1. 由帶領人發下各種顏色便條紙，請法律系同學將當日感謝他人的話，或是想要對他人做的存款內容寫在便條紙上，對折後投入大會提供的透明容器中。（可討論之後如何處理）	各色便條（名片大小）數張 透明容器一個
	2. 播放 3-5 分鐘的活動回顧影片。	授課 PPT
	3. 請學員分組討論親密之旅課程總心得，並輪流分享（可自由以各種形式）。	海報紙
	4. 由帶領人總結活動。	麥克筆

預期實施效果及評估

1. 經過「情緒卡麥啦」活動，約 80% 的學員能夠了解情緒的遙控器是掌握在自己手中的。
2. 經過「家庭的異想世界」活動，約 80% 的學員能夠接受每個人對同一件事的反應不相同。
3. 經過「正負二度心」活動，約 70% 的學員能夠針對不同的情緒標示明確的詞彙。
4. 經過「說出心中的情畫」活動，約 70% 的學員能夠練習使用圖像語言表達自己的感覺。
5. 經過本次活動，約 80% 的學員能夠嘗試同理他人的情緒。
6. 經過本次活動，約 80% 的學員能夠整合所學並練習運用在生活中。

四、愛的語言與表達

102 學年度優秀設計教案

活動主題	認識愛之語及表達練習
活動名稱	從心發現愛，把愛說出來
活動目的	希望以活潑有趣的方式，讓大一的同學以不同的角度重新檢視自己對愛情的看法。學習了解自己與他人的「愛的語言」，並且也懂得投其所好，為關係的帳戶存進豐富的存款。
活動目標	1. 學員能更加明白愛情的三要素。 2. 學員能夠清楚自己傾向的愛的語言。 3. 學員能夠了解愛的存款的意義，並能在生活中練習。

進行方式	帶領人透過遊戲互動、小組討論、PPT 講述、填寫問卷等項目，呈現課程內容。	
活動時間	90 分鐘	
活動對象與人數	法律大一學生，共 28 名	
活動內容		
需要時間	活動步驟與帶領人員	活動資源
上課前	以顏色抽籤來進行課程活動的分組，並進行分組（分 5 組）。	籤紙、塑膠袋
5 分鐘	自我介紹，以及介紹課程及本次活動內容與目的，並確認分組。	麥克風、PPT、名牌
20 分鐘	**有你才完整** 1. 在調色盤上分別加入紅、黃、藍三個顏色，每組發給海綿及報紙，請法律系同學利用這三種顏色，調出並畫出彩虹的七種顏色。 2. 解釋 Robert Sternberg 愛的三要素，就像紅、黃、藍三個顏色，缺一不可，才能調出美麗的彩虹。	廣告顏料（紅、黃、藍）、小塊海綿 *30、報紙、調色盤、授課 PPT
20 分鐘	**愛的讀心術** 1. 利用 PPT 開始進行「愛的五種語言」，建立愛的帳戶。 2. 讓學員進行活動一：探索愛的語言。請學員寫下自己愛的語言之順序，並預測自己另一半／或親密之人的順序，完成後發下「愛的語言檢查表」，提供學員檢測對自我的了解。	PPT、愛的語言檢查表 30 份
20 分鐘	**愛的大富翁** 1. 請法律系同學依照分組，各組輪流派組員至台前擲骰子，並依骰子翻出的面抽出相對應的牌一張。 2. 依照所抽出的牌各組分別計分，最後由最高分之當組成為愛的大富翁。 3. 以 PPT 介紹講解愛情銀行，存款與提款的概念。 4. 用 PPT 說明肯定語言的重要性，並請兩名協助帶領人員共同示範用話語來做「存款練習」的程序，主要帶領者在一旁負責說明。徵求兩名自願學員上	骰子（分成機會、命運）機會 & 命運牌（紙牌或 PPT）各 10 張：內容為愛的存款與提款，存款為正，提款為負

	台進行體驗活動「閃電變身法」，自願者將有精美小禮物。	小禮物（依組員數定而）授課PPT
	4-1 閃電變身法 —— 活動步驟	
	・ 每兩位成員為一組。	
	・ 遊戲前，首先兩位成員互相認清楚對方的外表、服飾和髮型。	
	・ 然後，兩人背對背，彼此可以改變自己的任何一或兩樣身上的東西，可以是髮型、飾物等。	
	・ 當帶領人說大家可以面對面時，成員便要說出對方有什麼不同。	
	・ 請學員分享遊戲中的感受：觀察出對方的改變、被觀察出改變時的感覺。	
20 分鐘	**愛的存款**	各色便條（名片大小）數張
	1. 由帶領人發下各種顏色便條紙，請學員將當日感謝他人的話，或是想要對他人做的存款內容寫在便條紙上，對折後投入大會提供的透明容器中。	透明容器一個課程PPT
	2. 用 PPT 說明探索彼此的心靈世界的活動，請學員當場練習並與其他學員分享，同時將此活動當成回家作業，讓學員能和伴侶或親友一起練習，在下一次課程一開始時可以與我們分享成果。	
5 分鐘	**Q&A、回應及下週預告**	預告課程PPT
	1. 詢問是否有針對課程的問題或願意針對當日課程予以回應。	
	2. 預告下週的課程活動。	

預期實施效果及評估

1. 經過「有你才完整」活動，約 80% 的學員能夠說出愛情三元素並了解其意涵。
2. 經過「愛的讀心術」活動，約 80% 的學員能夠清楚自己傾向的愛的語言。
3. 經過「愛的大富翁」及「愛的存款」活動，約 80% 的學員能夠了解愛的存款的意義，並能在生活中練習。

工作進度

第 5 週　完成初稿
第 6 週　完成定稿

第 7 週	預備課程所需用具（PPT、材料、教具等）
第 8 週	確認所有事務完成、人員安排
第 9 週	確認活動帶領人預備完成，跑流程

第三節 本章內容服務學習評量範例

　　由系所專業課程教導學生理論內容，再與教師一同設計教案，接著到現場進行實際的教學服務，服務結束後必得有反思與回饋的呈現，最終將這些反思資料再回頭給予將要去進行同類型服務學習的學生，作為前導準備以及未雨綢繆的資料，如此方是一整套服務學習的循環歷程。是故這些反思資料相當重要，其中記錄著學生對於自我、課程、服務學習的探討與建議，是未來進行同類型服務學習課程的重要參考。底下附上學生依照本章課程內容進行服務學習後，其所給予的自評表，供大家參看與思考。

一、同學 A 自評表

(一) 活動參與

內容	學習者角度	服務者角度	建議／反思
對於（大學生）婚前教育內涵的認知（認知的層面）	本來我對婚前教育的認知，不脫學習化解衝突的治療部分，沒想到還有一大要點是「為彼此感情增溫」，用「預防勝於治療」的概念，讓一段關係的體質更好，也是維持良好親密關	就讀兒家系的我們，接觸、服務的對象都以孩子居多，而每個孩子背後，都有一個家庭。家庭又是社會中最小的一個單位，如果我們能推廣正確知識與觀念，便有助於良好婚姻關係，進	當今社會選擇不婚的人愈來愈多，但婚前教育的範圍並不限於婚姻，兩性及親密關係的相處技巧，也是一大重點。我認為大學生如果能在大一階段就接觸婚前教育，對未來人際關係或兩

内容	學習者角度	服務者角度	建議／反思
	係的重要法門。潘老師會讓我們更具體了解與婚姻相關的專業術語，課堂間帶領我們思考、討論和分享，促使我們與其他人互動，並學著欣賞別人的觀點，培養正確的認知，可以有效避免不必要的爭吵，能以更開放的心胸看待更多事。	而維持家庭和諧。畢竟結婚並非只是兩個人的事，如果關係不好，產生的負面情緒不僅自己深受影響，也可能波及孩子與他往後的家庭。所以，良好的婚前教育協助大家以正確的觀念與認知面對婚姻，是我們服務者最希望也最需要做的事。	性相處都會有正面的幫助。當我們理解到這件事時，我們小組便捨棄了照本宣科的方式，選擇用遊戲或活動帶出不同主題，讓學員在有趣活動中學習處理兩性衝突，這也是讓法律性學生高度投入的主因。
對於（大學生）婚前教育實施需求的感受（情意的層面）	婚姻一走就是一輩子，重要性不言而喻。然而這麼重要的人生課題，卻從來沒有人教過我們，只能靠自己摸索，或者將父母的互動、媒體報導當成榜樣，實際上帶來的不全然是好的。因為自己除了學生身分之外，也身處婚姻關係，所以毫不考慮地選擇了婚姻組的家庭教育與實習課程。上課之前，我從來不知道原來兩性的思考模式及表達方式有這麼大的差異；上課時，我常常會將理論套用在現實生活之中，常常會有很深的	很高興有機會能夠帶領大一的法律系同學了解親密關係相處的課題，這是很難得的機會！當看到大家認真投入我設計的活動時，很高興自己能用更有趣的方式傳遞正確知識，還受到大家歡迎，讓我既開心又滿足，真正感受到自己為這個社會的和諧盡了一份心力。這四個禮拜的活動和課程帶領，不只影響了他們，也讓我體認到如果能在歡樂氣氛中傳授課程，自己也會有滿滿收穫！	當社會風氣強調「讓孩子贏在起跑點」，家長不斷投注資源栽培孩子、提供更好的物質生活，卻忽略了如果能與另一半擁有健康的婚姻關係，就是家庭穩固的基礎，便能讓孩子快樂並且有安全感地長大，也對人格發展有良好影響。透過兒家系的課程，我也體會到提前接觸婚前教育，是促進彼此包容及尊重的方法，我也時常觀察自己的家人，反思如何解決或緩解衝突，從實際生活練習實踐知識。

內容	學習者角度	服務者角度	建議／反思
	體悟：「原來這叫做『情緒按鈕』！」「原來因為每個人的經驗世界有限，才會產生因差異而起的衝突！」尤其老師講課時會詳細介紹前因後果，再與現實生活對照，只能說這堂課帶給我很多驚奇！		
對於（大學生）婚前教育的實際參與操作（行為的層面）	求知最棒的地方在於學到從未接觸過的新知，促使自己有不一樣的思維模式，並可以在日常生活中實踐。這門課改變了我在婚姻中看事情的角度，而且對我和伴侶的相處模式有了正向的影響。例如爆發衝突時，我會理解到彼此背後都有一個受傷的孩子，自己就可以更快冷靜下來，站在對方的立場思考，尋找更好的解決之道；也因為可以理解，才能產生更溫柔的包容。	上課前，我們總是認真思考如何設計教案，帶領他們互動討論；過程中，我很享受熱烈互動的感覺，也明白學員真的有在認真思考，希望他們真的能學以致用。當下才理解老師的心情，無非就是希望傳遞所學，讓專業可以不斷流傳、發揮影響力，讓社會變得更美好。	實際參與課程之後，了解到每個人都深受原生家庭影響，我跟親密伴侶比較能和諧相處。例如過去不太能接受別人觸犯自己的罩門，但透過這門課才了解到，我其實可以自我調適、主動改變成不容易被別人刺激，彼此才能更順利協調溝通。帶領法律系學員，我們有點像現學現賣，也在過程中累積了豐富經驗，還希望老師可以提供相關書單，讓我們自主閱讀，提升自己的專業及教學品質。

(二) 「服務學習」的省思

內容	活動前	活動後
對「服務學習」教學模式的（再）認識	原本服務對象都以幼兒或學齡兒童為主，這次服務對象換成大學生，所以言詞、用語、表達能力、吸引力等等，都是很重要的服務因素，還滿擔心大學生不領情的。但轉念一想，服務學習的精神，就是幫助他人之外，自己也是在學習！	對於服務學習課程，以前的我只看到「服務」，卻忘記「學習」的精神。大四再次接觸，才發現如果沒有持續學習，自己「服務」的層次也僅限於「有愛心」，唯有不斷學習才能夠成就自己也成就別人。而且，需要幫助的不只有弱勢族群，其實很多夫妻、情侶，也需要他人指導，才能了解如何相處，這世界仍有許多地方需要大家關注。
對「服務學習」教學模式的認同度	坦白說一開始認同度並不高，一來是因為認為自己能力不足，沒自信可以做好這件事；二來是有先入為主的觀念，覺得會對自己造成太大負擔、很累，還是希望可以儘量避免。	雖然過程有辛苦的地方，但如果往後還有機會，我會想要再嘗試，因為這讓服務對象和我自己都有自我成長的機會。
對「服務學習」教學模式實作的看法	「實作」是比較吸引我，相對來說也是比較累的部分。透過實作可以做中學，感觸較多，我在實作方面的學習成效也比較好，雖然實作之前的準備工作相當繁雜，但都是必經路程。	如果只有紙上談兵，很難有深刻感悟，從實作中才真正體驗到「助人為快樂之本」的精神。雖然較費時費力，但真的能帶來更多收穫及幫助，讓我覺得服務學習是大學中很值得參與的經驗。

內容	活動前後
透過「服務學習」我有哪些成長、提升或改變？（可全寫或選擇其中幾項寫）	1. 個人成長（例如：自我肯定、信心、責任感等） 個人成長的部分，我覺得上台說話這件事最為顯著！本來我很恐懼上台報告，擔心講不好或漏掉，常會依自己準備的教材照本宣科。後來決定與搭檔一起上台帶領課程，我終於比較能用自己的方式表達，這也讓我多了點信心；學員的正面回饋也讓我相信，只要用心準備，他們一定能感受到。 2. 人際成長（例如：溝通領導、認同感、關懷別人等） 這次擔任小組長，必須帶領大家一起討論報告、設計教案，很高興組員間都很配合，遇到狀況又能彼此協調。與學員的相處也漸入佳境，本來覺得他們容易不專心，又喜歡開不雅玩笑，慢慢感受到他們的可愛，彼此開始有認同感，順利完成這次實習。 3. 智性成長（例如：課程相關知識的運用、解決問題、批判能力等） 設計教案時，我會去思考這真的適合學員嗎？認真衡量遊戲與上課內容的平衡。而且活動中難免有突發狀況，四週下來，我體認到必須靈活調整教案，讓我學會依照現場狀況調節時間，而不是堅持按表操課。 4. 公民責任（例如：社會需求的敏感度、服務人群的責任感、組織能力等） 現在恐怖情人的新聞很多，離婚率也愈來愈高，讓我感到兒家系推廣課程的責任，預防勝於治療，可以避免更多社會問題。體認到就讀兒家系的自己擁有許多別人沒有的知識、經驗、智慧，可以讓我們有效幫助別人。
如果再有機會參與「服務學習」活動，你會有什麼建議？	1. 個人部分（意願、邀人參與、自我預備等） 我覺得肯定會想再參加服務學習，雖然前置作業很辛苦，但事後的反饋總是遠大於這些，讓我非常開心，感覺生命更有意義。往後若還有類似機會，希望自己能多做些預備。 2. 課程部分（時間長短、次數、作法等） 一次課程分為上下半場各一小時，對我們來說可以充分運用，但四次實作其實有點短，感覺正要起步就結束了，建議可以將次數提升一到二次。

內容	活動前後
	3. 服務對象（哪些社區、族群等） 　建議將服務對象由日間部擴及進修部學生，讓更多人獲得婚姻與家庭的相關知識與技巧。

二、同學 B 自評表

(一) 活動參與

內容	學習者角度	服務者角度	建議／反思
對於（大學生）婚前教育內涵的認知（認知的層面）	脫離了純真青澀的高中時期，大學時代是個非常特別的階段，我們擁有了自由，又好像已經成長。也因為自由，開始接觸到戀愛或婚姻議題，這時候我們更需要一些課程，能對我們的生活與價值觀產生正面影響。我覺得這門課的學習非常受用又實際，一來更了解自己與原生家庭，二來學習如何表達愛及感受，正面地與他人互動。最重要的是學習如何在了解對方的原生背景後，站在對方的角度思考，培養同理心。另外，透過課程也學到兩性感受愛	當我們身為服務者，深入了解婚前教育的意涵，就成為我們的義務與責任。課程中所學的愛的存款、兩性差異、原生家庭對我們的影響等等，其實不只適用於即將走入婚姻的群眾，而是應該讓更多社會大眾進一步理解，因為這些認知不僅有助於婚姻生活，也能夠為人際關係打好穩固基礎。因此，這些課程對大學生也是非常受用的，對於社交人際都有很大的幫助，也能對異性有更深的了解。對我來說，能夠傳遞這些觀念是相當正向的，值得我們致	能夠接觸婚前教育，同時結合自己的專業，真是一件很幸運的事！不僅自己能夠吸收新知，還能協助別人改善人際關係。不過，雖然每次上課都收穫許多，但真正開始為學員教課時，還是不滿意自己的表達方式，可能是口條不夠流利、不夠生動有趣……其實我心中有很多想傳達給他們的想法，希望將來還有機會學習更恰當的表達方式，讓我可以順利將所學傳播出去。

內容	學習者角度	服務者角度	建議／反思
	的不同途徑，對兩性間的親密關係很有幫助。	力推廣宣傳，讓婚前教育的真諦落實於每段關係之中。	
對於（大學生）婚前教育實施需求的感受（情意的層面）	同樣身為大學生，常有朋友傾訴感情煩惱，當然自己也有些親身經歷，而課堂上的所學，總是與現實生活中遇到的種種情況不謀而合！透過這門課，用現實生活的狀況理解艱澀理論，也學習到如何為自己在人際及兩性關係經營中，帶來不一樣的觀點與更適合的解決之道。 大學時期，很多人都會開始談戀愛，但心智尚未成熟的兩人，若處理不好感情關係就容易造成憾事。透過婚前教育，可以引導大學生學習如何經營一段良好的兩性關係，因此我認為婚前教育是大學生必須學習的一門課。	兩性因各種差異導致的大小衝突，可能是大家每天都會面臨到的問題，我們有幸接觸到專業知識，並有能力及管道傳播，當然更需要全力以赴，希望帶給大學生有趣又實用的課程。 比如這次帶領法律系同學，我們不斷發想遊戲、成員互動、影片欣賞等有趣方式吸引學員注意力，營造一個歡樂的環境提升學習欲望，同時藉由實際體驗加深印象。當我們能實際幫助一個人釐清觀念時，也許就預防了 10 次激烈爭吵、100 次傷心的時刻，對學員及整個社會都是非常有意義的。	透過這次經驗，我有一個很深的體悟：自己必須先跳脫「我只是個學生」的心態框架，才能更有自信地去帶領學員。否則會因為自己也是學生的關係，時常覺得必須擁有非常龐大且專業的知識，才夠格站在講台上。

內容	學習者角度	服務者角度	建議／反思
對於（大學生）婚前教育的實際參與操作（行為的層面）	填鴨式的學習，往往無法真正被學習者吸收並加以應用。這門課我們以實際準備討論活動、上台分享，或是用演戲方式學習課程，用實際操作的學習過程，都能提升參與感，而且真的將所學內化為自己的養分，讓自己在親密關係中處得更好，也能讓身邊的人更加幸福。	「教學相長」是我最大的感覺，不但向同學們傳遞知識，自己也可更了解現在大一生對婚姻的看法。而且每次備課前都需要和組員、老師討論評估可行性，也讓我對婚前教育的內涵有更進一步的認識。相較於「教授」的身分，我們以「學長姐」、「服務者」的身分帶領學員，也讓學員能更不拘束、輕鬆地從活動中學習。	本來對於「教導別人」我並不是很有信心，但幾次課程下來，同學參與度很不錯。雖然剛開始有些同學比較內向或不好意思，不過慢慢的漸入佳境，也會一起演戲或發言。當然，討論與分享的方式讓學員有更大的發揮空間。另一方面，也有賴於大家共同遵守秩序，才能讓活動順利進行。其實這些小小的不順，都有助於我們的成長，畢竟不可能凡事都很順利。

（二）　「服務學習」的省思

內容	活動前	活動後
對「服務學習」教學模式的（再）認識	老實說服務學習真是一件很累人又傷腦筋的事！要花時間寫教案、準備教材，但不管是備課或是服務的當下，我心裡也很清楚，一切結束之後，自己肯定是收穫滿滿又有成就感。	帶領這四週課程當中，過程雖然辛苦，但並沒有想像中的困難艱辛，而且得到的正面反饋遠超乎意料，也讓我對「服務學習」有更深的感觸。我們很幸運能擁有專業知識，而這個社會有許多人需

內容	活動前	活動後
		要我們的協助，除了金錢或物資，如果我們能傳遞正確的觀念與相處之道，也是一種珍貴的助人資源。
對「服務學習」教學模式的認同度	現代社會人與人間愈來愈疏離，之間的連結也更薄弱了，我滿認同服務學習的模式，可以讓每個人發揮自己的影響力，加強與他人的互動，進而對整個社會產生良好影響。	活動時看著大笑的臉龐，以及真正理解我們想傳遞的知識的瞬間，一切辛苦都煙消雲散，當下的滿足與快樂都讓我更加認同服務學習。
對「服務學習」教學模式實作的看法	起初理智上知道完成後會有很多回饋及感動，但實際上沒有很大的動力進行教學實作，因為不確定能否真正從中學習。而我認為服務學習最重要的，還是我們必須先有正確知識，所以實作之前能夠多培訓是非常重要且必要的過程。	現代社會光有文憑不夠，也很重視實務經驗。實作可以讓我們將課堂上所學實際運用，才能夠真正發揮所長。雖然必須花費比較多的時間與力氣，但反饋也豐富許多，因此我很支持教學實作。
內容	活動前後	
透過「服務學習」我有哪些成長、提升或改變？（可全寫或選擇其中幾項寫）	1. 個人成長（例如：自我肯定、信心、責任感等） 　所有挑戰光用想的都很難，但在大家的努力之下，我們真的辦到了！小組之間的合作需要默契，也要更有團隊合作的責任心，是我最大的改變。如果下次再有辦活動的機會，相信我們能做得更好。 2. 人際成長（例如：溝通領導、認同感、關懷別人等） 　我們在整個小組的合作默契愈來愈好，大家都會主動關懷組員，我也受到影響開始會關懷別人，無論是相處的夥伴，或者大一學弟妹，我都會主動去聊天問候。 3. 智性成長（例如：課程相關知識的運用、解決問題、批判	

內容	活動前後
	能力等）有了這次服務學習的機會，我才能將兩個月前學到的知識，以自己的方式重新詮釋、訓練自己的表達能力以便讓他人順利理解。這也促使我要學習從別人的角度思考，多多練習之後，也更容易理解他人。 4. 公民責任（例如：社會需求的敏感度、服務人群的責任感、組織能力等） 體會到除了服務精神，責任感及組織能力都是服務學習中重要的環節。過程中因為借器材的歸還時間不當造成他人困擾，讓我意識到要辦一場活動必須面面俱到，所有的規劃都必須經過良好分工，才能將服務做好。
如果再有機會參與「服務學習」活動，你會有什麼建議？	1. 個人部分（意願、邀人參與、自我預備等） 參加服務學習的心情總是很矛盾，開始之前會覺得壓力好大，似乎有做不完的事，但真的開始服務時又覺得有趣，甚至捨不得結束。我不但很樂意再參與類似活動，還希望可以跟好朋友一起進行，畢竟朋友間平常多半一起出遊或做報告，很難得有合作機會貢獻所能。若可以一起成長學習，是很難得的回憶！ 2. 課程部分（時間長短、次數、作法等） 課程時間規劃上我覺得滿剛好的，一開始本來覺得四次實作有點多，最後卻覺得少了點。如果可以多一點時間，學員們可以吸收更多資訊，我們也有更多機會體驗服務學習帶來的感動。 3. 服務對象（哪些社區、族群等） 我覺得可以嘗試服務新莊市在地居民；近年新住民人口增加，也是可以考慮服務的對象。

第 **4** 章

雙人舞
婚姻的經營

婚姻的成功取決於兩個人，
而一個人就可以使它失敗。
～Samuel Johnson

引言：結婚／不結婚，是個大問題！

　　夫妻的關係就像雙人舞，一進一退、迴旋跳起、勾手踏步，只要有點錯落，就會互相踩踏，甚而跌跤，究竟我們爲何需要跳婚姻這支舞，這支舞對兩性與社會又有什麼重要性？

　　男女婚配，從古至今都是人生一等大事，也是社會文化、經濟發展產生必須要的制度，爲了保障文明與生命得以延續，誕生下一代相當重要。時至今日，在普遍教育提升、女性經濟自主、時代的經濟問題等狀況下，不婚、晚婚以及少子化的浪潮嚴酷地衝擊著臺灣的未來，日漸減少的新生兒代表勞動力不斷下降，使得經濟發展出現缺口，國家安全也缺乏人力守衛。而醫療的長足進步延長了老人的壽命，在幼兒愈少、老人愈多的一來一往之間，本就稀少的勞動力將要負擔沉重的撫養人口，讓婚姻與生育問題儼然成了國家安全的大問題。

　　不只如此，除了延續生命外，Nielsen 等人指出幾乎人類所有快樂、痛苦的感受與觸發，皆受到婚姻經驗的巨大影響，比如身體健康、情緒調節、經濟發展等。在原生或是自我組建的婚姻關係中，這類經驗的好壞面向之效應，不光出現在當下家庭中的成人與孩子身上，還會延伸影響到下一代的婚姻關係之中（Booth & Amato, 2001）。

　　追根究柢，除了社會經濟與文化改變的問題之外，傳統婚姻的崩潰，以及其中潛秩序與道德限制的瓦解，讓人們對婚姻關係的想像有所改變，雖然幸福美滿的婚姻仍是人人渴望，但大都對此渴望是否能夠實現抱持懷疑。其中最關鍵的因素，即是人們對於婚姻關係維持或增進的方式，基本上一無所知，加以本就對自我亦沒有深入理解，更遑論同理他人。無計可施之下，最後只好憑藉著以前傳承的經驗，或是從左右親友聽來的方法，去維持自己與伴侶的關係。

　　想當然爾，這些所謂的方法，不免會有過時或難以適用之虞，帶來反效果也時有所聞。這亦是前兩章爲何要先讓大家理解親密關係初步經營方

式，以及對自我或他人差異，如何能由淺到深的了解之原因，沒有事前的差異理解以及自我省思改進，又怎能有把握走到關係緊密的婚姻之中呢？

除第二章的愛情判斷與經營，以及第三章對自我與他人理解的婚前教育之外，真正進入婚姻時，究竟有沒有什麼維持、增進關係的具體方式呢？答案即是施行此階段相應的婚姻教育，但要能施行則需要婚姻中人先有自覺才可，且聽筆者先說個「車」。

出發前，請記得保養與檢查

你有開車嗎？

開車不管開多久，都須固定時間檢修，更別說出現問題時，需要入廠處理，若小問題一直不理，易演變成危及人身安全的大問題。另如車子跑不動了，也必須加油，不然等油耗光，車子即無法前進。

維持一段婚姻關係就像開車上路，車子就是婚姻關係本身，只有讓車子狀態保持良好才能確保安全。同理，不管關係維持的如何，也應固定時間保養檢查，才能在問題出現或是出現之前找出端倪，讓雙方都可正向積極面對關係上的問題，並共同尋求協助，方能加多一點適合彼此的愛進到婚姻之中，讓婚姻這輛車能跑得更久更遠，帶著兩人欣賞許多不同的人生風光。

來檢修車子吧──婚姻的品質與穩定

現在靜下心來，檢查一下婚姻這輛車，有沒有什麼問題呢？

婚姻關係中最重要的就是雙方是否有刻意經營，而這些經營又有沒有發揮功效，以及是否會定期或在發生問題時，自覺地去審視關係的裂縫和原因。

「成功的婚姻」是什麼？人人夢想的畫面都不盡相同，是個主觀性強的問句，但不可否認地，裡頭還是有諸多客觀的因素在左右著，就大方向來說，可包含兩個面向：

第一，是你覺得自己與伴侶間的「婚姻品質」是否滿意，這一點是主

觀的期待問題，牽涉到婚姻中的兩人是否在各個相處的領域都能感到快樂自在，舉凡衝突處理的方式、兩者的親密度，還有關係中的公平性等。不過這點相當需要視個人的接受度以及特性而定。

第二，是「婚姻穩定度」高否，此處就偏向以各項客觀方面來評斷（Amato et al., 2003）。

Lewis 和 Spanier（1979）兩位學者，把許多和婚姻品質與穩定的研究論點加以整理，歸納出六項相關的議題（林如萍，2004）：(1)「經濟資源與婚姻品質」，家庭經濟資源愈好愈充沛，婚姻品質就愈好；(2)「夫妻角色分工與婚姻品質」，伴侶的角色愈互補，分配家務愈公平，婚姻品質愈好；(3)「夫妻價值與婚姻品質」，夫妻對於各項事物以及主要的價值觀愈有共識，則婚姻品質愈好；(4)「夫妻互動與婚姻品質」，正面的互動愈多，婚姻品質愈好；(5)「社會支持與婚姻品質」，共同的朋友網絡愈多，婚姻品質愈好，加上夫妻之間能互相依賴情緒的程度愈高，婚姻品質愈好；(6)「夫妻社經地位」同質性愈高，婚姻品質愈好。

這六點之中，只有經濟資源與社經地位在結婚之時就已固定下來，具有個人先天的限制，另外四項都可透過婚姻教育的活動與訓練來改善。在這四項之中又以「夫妻互動」這個要素最具影響力，許多問題可由此解除也可由此增長，端看夫妻是用正向抑或負向的態度與行為互動。所有的互動中，都有著一個最主要的核心：「溝通」，無論是衝突處理、言語表達或是其他的關係互動中，溝通都是最基本打開雙方心扉的方式。溝通的方式不限於語言，身體接觸以及某些特定的行動都可，不過若要深入兩人的意識與情感之問題，言語的探索與回應仍是必須。伴侶間的言語與行為溝通之調整，亦是大部分的婚姻教育方案著墨最多之處。

根據這六點要素去探討，可較有系統地分析出婚姻關係中的初步問題，再由溝通與互動的方式去深究、理解與改善，就有機會維持婚姻的穩定與品質，這些要素亦可作為婚姻教育的基石，來思考各式方案的適用性與是否需要變動（林如萍，2004）。

第一節　爲你的婚姻加「油」── 婚姻教育增能方案（enrichment programs）

在本書的緒論中，Stahmann 與 Salts（1993）曾提及婚姻教育的三個類別：一般婚姻預備教育（general marriage preparation programs）、婚前輔導方案（premarital counseling programs）、增能方案（enrichment programs）。第一、二類皆是婚前教育，最後一類則是在婚後，正在進行的夫妻關係中，去施行教育來維持、增進與改善婚姻狀況的方案。本書之前的兩個章節，處理的就是青少年到大學生階段的婚前教育，屬第一個類別，而爲將婚的夫妻做即時的婚前教育，則是歸屬於第二類別。

第三類別「增能方案」，主要對象就是夫妻，希望可強化兩人互動的正向能量，以及提升他們對婚姻的承諾，提供夫妻有別於醫療諮商或是心理諮詢的管道，只要受過訓練的教育工作者，都可以成爲此等增能方案的推動者與教導者，此方案相較於其他醫療諮詢方式，亦較便宜，能增加夫妻參與的意願。本章後半就是以這種方案爲核心思考，選擇其中一個方案來做實際操作的活動範例。

在進入到實際的婚姻教育演練前，尚須先深入理解辦理一個婚姻教育需要顧及哪些面向。猶如我們若要檢修車輛，當然須先知道來修的車子是何種廠牌，其中的基本構造與材料又是什麼。

一、檢修者的基本知識 ── 婚姻教育綜合性架構圖

因婚姻教育推動所涉及的方方面面不少，所以除需要奠基在多方且整合的理論架構上之外，必然要有一個可實際執行的參考架構，如此才能讓各方有志來推動婚姻教育者，能在堅實並指出大致方向的道路上，用各自的系統以及創意來前進，使婚姻教育的課程能在有根據、有目標的前提下，百花齊放。

　　此基本的參考架構，是根據 Hawkins 等人於 2004 年提出的「婚姻教育綜合性架構圖」（A comprehensive framework for marriage education），其中包含了七個面向：內涵（content）、密集程度（intensity）、方法（method）、時機（timing）、場域（setting）、對象（target）和傳遞（delivery）。這裡將簡要地說明各面向的著重點，然後以此為基礎來具體地分析四種不同類型的婚姻教育活動，讓學習者能確實地理解架構圖的功能與詮釋。架構圖如下（圖 4-1）：

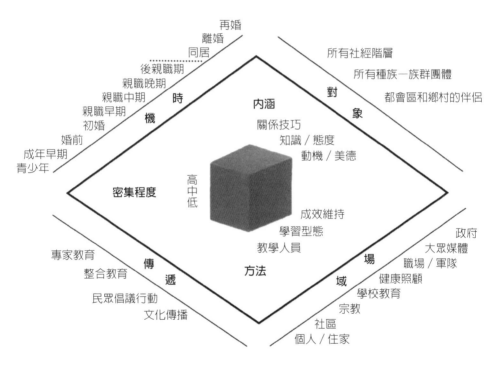

圖 4-1　婚姻教育綜合性架構圖

資料來源：Hawkins A. J., Carroll J. S., Doherty W. J., & Willoughby B. (2004). A Comprehensive Framework for Marriage Education. *Family Relations, 53,* 547-558.

內涵

1. 關係技巧

　　婚姻關係要經營，而經營需要許多互動、溝通型態，以及問題解決的行為技巧，過去優異的研究結果告訴我們，伴侶互動狀況及其歷程，是破壞或增進婚姻關係的核心。

2. 知識、態度

　　婚姻中有諸多知識內容，舉例來說，該如何面對自己與伴侶，並在各種情緒狀態與事件底下，態度輕重如何拿捏。重要的是夫妻須有察覺關係中各種問題的能力，若能去了解個人婚姻對社會有何重要價值，也許能讓民眾有較高的動機去維持一段健康的關係。

3. 動機、美德

　　當今的世界被消費文明所滲透與打造，利益成為任何關係的條件，讓婚姻也處於消費化的危險中，人會留在婚姻關係是因為目前具有好處，縱使有良好的關係技巧和相關知識，可能亦不足以讓夫妻能繼續在一起。兩人一起為愛信守無條件的承諾，是維持良好關係的動機，也是健康、穩定婚姻的關鍵。

密集程度

　　指婚姻教育活動時間的長短，而長短會因為對象、階段、成本、場域、目標等有所不同，必須運用經驗與知識來判斷活動是需要低度、中度或是高度介入量的規劃。

1. 低介入

　　例如許多政府公衛部門或團體，透過低度教育性介入，以多次短時數、不同主題的方式，來進行婚姻教育知識與關係技巧的推動，如同教育部家庭教育網所曾舉辦的「心約定——中老年婚姻教育」等活動。

2. 中介入

中介入大多是以一個半天的婚姻充實研習為主的方案，利用單次加強自我成長度為導向，多用於中度介入親密關係強化與婚前階段。中等介入程度可聚焦在某個重要領域的特定問題，能處理許多夫妻實際經驗到的挑戰，例如金錢管理和債務問題，或是家有特殊子女或老年父母的夫妻。

3. 高介入

密度高、時數長，提供大量的教育性活動，讓伴侶們和受過訓練的帶領人一起探索深入的身心議題。此方案比起前兩者，更須有經訓練且具經驗的導引員帶領，方可保證課程的順暢與深度，亦須保護學員心理狀態和建構安全的氛圍。常見的時數分配方式有以下數種（表 4-1）：

表 4-1　作者歷年婚姻教育的推廣型態

小時數	次數	範例
2 小時	6	2003 年臺北縣文化局「良人屬我我屬良人 —— 夫妻婚姻教育成長團體」
3 小時	4	2005 年「共創活力婚姻」夫妻成長團體
3＋3 小時（上下午）	4	2010 年基隆市家庭教育中心志工親密之旅培訓
3 小時	8	2011 年桃園市家庭教育中心「親密之旅 —— 甜蜜夫妻成長團體」
3＋3 小時（上下午）	4	2010-2012 年輔仁大學「親密之旅」夫妻成長團體
6＋6 小時（週末兩天）	2	2013-2016 年新北市家庭教育中心「婚前教育成長團體」
7＋7 小時（週末兩天）	2	2014 年新北市「預約幸福，婚前訂做」將婚教育成長團體
8＋6 小時（兩天一夜）	1	2015-2019 年培愛親密之旅夫妻恩愛營
3 小時（每週 2 次）	6	2018 年基隆市家庭教育中心「中老年婚姻教育讀書會」

小時數	次數	範例
8＋6小時（兩天一夜）	1	2019-2021年新竹縣家庭教育中心「依舊愛你夫妻營」
8＋4小時（兩天一夜）	1	2020-2021年苗栗縣家庭教育中心「幸福婚姻甜蜜加分」幸福周末營
8＋6小時（兩天一夜）	1	2020-2021年培愛夫妻成長工作坊
4小時 3小時	4 6	2021-2022年基隆市家庭教育中心「愛就是彼此珍惜」成長團體
6+6小時（兩天）	1	2022年澎湖縣家庭教育中心「攜手同心幸福旅程」夫妻成長營

方法

　　教學歷程和內容一樣是教育成效的關鍵，無論為短時數或長時數皆是如此，但密集程度較高的高介入婚姻教育方案，更須多樣且兼具深、廣度的教學方法。方法除需要一定的理論基礎及活動的設計外，教學人員的特質與經驗更是重要。此部分主要有下列三項內容：

1. 教學人員

　　教學人員對來參與活動的學員認識愈多，愈能有效調整和呈現課程內容。如何因應學員的特定文化需求，以及對參與者不同族群生活經驗的差異做出調整，都是對教學人員能力的挑戰，適切且有引導能力的教學人員，方能讓教育活動進行順利。

2. 學習型態

　　不同的社經背景、教育程度及族群文化等，都會影響活動中學員參與的興致，以及自我成長的幅度，例如高教育者習慣認知和對話取向的課程；低教育者適合活動式、體驗式的學習等。因婚姻教育之活動，有一定程度的自我揭露成分，不同階層人士的防衛機制不一，加上文化經驗各異，教學人

員須有一定的敏感度，方能適時調整學習型態。學員不同的文化背景也將使得教育專業人員有所收穫，有如筆者參與過的婚姻教育讀書會，對象爲老年的夫妻，多爲臺語的使用者，在思考同床異夢的說法時，其中一位老太太便用了臺灣俚語：「睏破三領蓆，尪心掠袂著。」（Khùn phòa saⁿ niá chhioh, ang sim liah bē tioh）很生動地說明了同床異夢的狀態，並讓單純的成語有了情感的溫度。

3. 成效維持

　　一般來說，經歷過時數較長的婚姻教育之伴侶，兩人的相處問題還是會在 12 個月後故態復萌，是故如何設計進階、持續卻有變化的課程，或想辦法成立支持的網絡或實際團體，更可鼓勵參加者成爲教育人員，皆可把婚姻教育的功能延續與加強。此處還須考慮到參加者在不同生命週期（例如親職早期、中期、後期等）時，所需的多元介入策略，以確保學員往後的婚姻關係有詢問與分享的管道。

時機

　　因婚姻關係從婚前、將婚、婚後一直到親職前後期，是一個不斷動態變化的過程，因此教育的課程內容也必然須隨著特定的生命時刻做出變化。主要可以分成下列幾個階段：

1. 青少年

　　課程重點在健康的關係技巧，以及常見婚姻和離婚迷思、婚姻關係維持的準備指引。不只是傳統性教育，還須更豐富了解性議題，讓他們具有更明智選擇的可能性。

2. 成年早期

　　成人早期是形成婚姻態度的重要階段，此階段還可能從事影響他們未來婚姻的各種行爲，例如約會型態、性行爲、同居等，年輕人須更明白自身及如何選擇好的婚姻伴侶。

3. 婚前和初婚

　　此階段的婚姻教育相當重要，為進入婚姻關係之前重要的一刻，是預防性介入的最佳時機。初婚、將婚者剛開始發現婚前不易發現的衝突，例如家務分工、姻親關係等都會開始浮現。此時是讓他們練習基礎關係技巧的理想時機，例如有效的解決問題和同理傾聽等方法。目前不少地方政府有舉辦此階段之婚姻課程，例如新北市 104 年度的「將婚伴侶甜蜜關係」以及「新婚夫妻美味關係」，看得出政府對於此階段的重視。

4. 親職早期

　　此世代新成為父母者所體驗到的婚姻滿意度，相較於上個世代有明顯下降的趨勢，除了自我意識抬頭、男女平權、經濟等社會因素之外，所帶來的家務分工、額外金錢壓力、嬰兒健康照顧等問題會接踵出現，具有中等介入的需求。對象為此階段的夫妻時，所舉辦的活動應將幼兒的處置方式考慮在內，才能增加夫妻參與的意願。另外據研究顯示，男性在新婚以及此階段，對於相關知識的學習意願也較高。

5. 親職中期

　　這個時期的夫妻，孩子雖已成長但教養、陪伴的需求仍在，加上工作與各式社會壓力的穿插，會讓伴侶相處的時間大幅縮短，需要謹慎地安排婚姻教育的時間，可趁父母帶孩子去活動時的空檔，就近在機構提供父母婚姻教育。

6. 親職晚期與後親職期

　　孩子已成長高飛，加上退休後兩人相處時間倍增，老年夫妻將重回到婚姻溝通和問題解決的基礎，是再一次重溫或修復關係的好時期。

7. 其他

　　不同於傳統婚姻關係，例如同居不婚、離婚或再婚等，也都需要婚姻教育的介入與關心重視。

場域

　　教育需要場域，針對不同對象的身分背景，以及教育領域的差異，場域就會有所區別。針對婚姻教育，筆者根據歷年來在教育現場的豐厚經驗，可歸納出八類，並認爲唯有多方場域一同連結推動，婚姻教育方能落實到社會大眾之中：

1. 個人 / 住家

　　各方婚姻教育的推動者，應號召父母成爲教導他們青少年子女有關愛、性、承諾和婚姻等議題的第一個老師，亦可在中年時帶領成年子女進入婚前預備。應當發展課程來幫助父母，使他們成爲陪伴子女建立健康婚姻的最佳助力。

2. 鄰里 / 社區

　　愈易接近和熟悉的場域，更能吸引民眾參與婚姻教育，例如里民中心、社區圖書館等。

3. 宗教

　　宗教場域無疑是婚前教育最常辦理的地方，宗教場域特定的優勢有三：一是易招募到參與者；二是參與者更可能繼續參與聚會成爲支持系統；三是宗教場域能把倫理和道德的層面納入課程，例如將婚姻賦予神聖意義，使得婚姻具有另一層保障。在臺灣宗教場域推動婚姻教育的，主要與天主教及基督教有關，例如具天主教背景的 ME（Marriage Encounter）、基督教的 ACME（Association for Couples in Marriage Enrichment）教育方案。1986 年東海大學更成立了「幸福家庭推廣中心」來推動 ACME，時至今日，還有許多大型教會每一年度皆會有多次婚姻教育活動（馬永年，2009）。

4. 學校教育

　　中等和高等教育顯然是必須實施婚姻教育課程的場所，高等教育機構在婚姻教育上可做得更多，因在學者多半都屬於剛成年，並具有發展關係的希

望與潛力，教導正確的婚姻知識與關係技巧，對這些高等教育的成員相當重要。所以應花更多時間教導未來的家庭服務專業人員，提供研究導向的介入以強化婚姻知識，成為婚姻教育倡導者。高中和大學的融入式婚姻課程，可幫助在學者在開始形成親密關係前，引導他們發展出健康婚姻的態度和行為模式。

5. 健康照顧系統

相關的研究中顯示，健康的婚姻關係和許多生理及情緒健康的益處有關，反之離婚的經歷，則和成人及兒童負面的生理與情緒問題有所連結。因此健康照顧系統是辦理強化婚姻相關活動的好場所，其優勢在於它常態性的服務中，會接觸到各種種族、族群和經濟條件的對象，若能增加婚姻教育在此系統中，更能適切與適時地幫助到需要的對象，例如筆者也曾到不同縣市醫院做過婚姻相關的講座。

6. 職場與軍隊

目前為止，臺灣在婚姻教育和工作場所融合的可能性尚未被完全開發，在各式公司、工廠中，員工因直接的家庭問題、間接的健康問題，以及其他和婚姻破裂有關身／心理狀況，將會大大降低其生產力，所以婚姻教育對公司而言是一項重要投資。軍隊也是美國職場重要的部分，目前其軍隊推廣的 PREP 方案施行成效頗為良好。PREP 全名為 Prevention and Relationship Enhancement Program，是美國丹佛大學 Howard Markman 博士與其團隊，在 1990 年代初依實證研究之後發展出來的婚姻教育方案，運用認知—行為策略設計，並著重關係中的技巧訓練（Silliman & Schumm, 2000），以此來下降、減少關係中的危險要素（例如衝突處理、溝通不良），並提高保護要素（例如承諾、友誼、親密等），來協助受教育的夫妻伴侶能夠建立快樂又健康的婚姻關係（Stanley, Blumberg, & Markman, 1999）。

7. 大眾媒體

媒體是形塑大眾信念與行為的強大推力，亦是可穿越時空限制的無形場域。有些婚姻教育人員會為社區建立網路為主的婚姻資源中心，也有人員透過和報導者及製片建立持續的關係，以此來擴展他們的教育影響力。

8. 政府和公共服務

婚姻既是公共制度亦是私人關係，強韌的婚姻制度支持了重要的政府目標，政府宜提供更多的服務給經濟不利的個人和伴侶。目前已有許多家庭教育中心正在運作，但政府機構可說是最重要的核心場域，也是聯繫個體、團體、場域、整合資源分配的重要中樞，應更加注意婚姻教育的各樣可能並幫助推行。

對象

社會上有不同的種族文化與族群，人人皆具有不同的社經階層與家庭背景，還有不同區域如城鄉之間皆會讓人產生多元差異。所以婚姻教育也會面對各種對象的差異需求，從政府人員、新住民、學校人員、一般大眾、家庭教育專業人員、公司主管、醫師、高齡長者到教會內的教眾都有，教育者須深切明白到面對不同對象，該有不同的作法與態度。

傳遞

婚姻教育究竟要如何傳遞給大眾呢？這是婚姻教育綜合性架構的最後一個要素，卻是極其重要的議題，大致可分為四面向：

1. 專家教育

由專業的婚姻教育人員來提供有深度的知識和技巧，帶領人須是受過專業訓練並取得認證的專家，教學內容具有系統性，課程兼有深、廣度。

2. 整合性婚姻教育

讓婚姻教育整合成為更綜合性的服務，這意味著將多元的場域、不同的專業領域統整結合，當各式的專業組織將強化婚姻當作是他們的工作目標之一時，婚姻教育就成為更大系統中的一部分。舉例來說，為個人和伴侶服務的宗教、健康照顧、職場及社區場域的專業人員，可以順勢提供有用的婚姻教育作為他們的基本工作，婚姻教育專家可為各場域專業人員提供訓練，幫助他們傳遞婚姻教育並提供適時的諮詢服務。

3. 民眾婚姻倡議行動

來自基層民眾的倡議行動，回應了當地共同的問題，更能貼近人民的需求，例如婚姻相關產業和相關的基金會、協會，為了婚姻所舉辦的活動如恩愛夫妻營、夫妻成長營等，是可有效接觸到鄰里和社區成員的教育經驗，在凝聚地方人員的同時，可順帶提供有助於推廣婚姻經營、溝通互動的課程。

4. 文化傳播

這是目前傳遞取向活動最少，但最關鍵的一種。文化傳播取向使用不同於傳統婚姻教育的一套工具，其主要工具源自大眾媒體，其中包括廣播、電視、平面媒體、社群媒體、自媒體等，因這些工具可以把教育濃縮和精簡成為摘要和焦點快報，以此增加接觸的受眾。例如記者持續把關注的焦點放在好好地準備婚姻的價值，而不是精緻的婚禮，有助於創造以意義為核心的婚姻心態，又如可透過經設計橋段的微電影來破解一些負面的婚姻迷思，把常見認為婚姻是浪漫和不能改變的觀點，轉變成為理性的歷程。《親子天下》、《遠見未來 Family》或《張老師月刊》等亦是一種平面傳播婚姻教育的方式。另外，公共政策也是一種文化傳播的工具，例如《家庭教育法》的婚姻教育。

上述七個婚姻教育綜合性架構的面向，皆是要舉辦相關活動所必須注意的，若在提出各式計畫之前能多加參考，將有助於計畫的實現與可能性，使許多問題在未發生前就先籌畫。在筆者多年施行婚姻教育的經驗下，兼顧這

七個面向方能讓課程順利進行。不過真要順利將婚姻教育全面性地推動，還需要社會上四個單位的配合，分別是政府部門、非營利組織 NPO、各級學校及企業部門，唯有這四者能相互連結、凝聚共識，婚姻教育才有真正滲入社會的一天，幫助大眾尋找到與伴侶合拍的關係，跳一場圓滿的婚姻之舞。

二、婚姻教育綜合性架構的分析範例

底下即用婚姻教育綜合性架構的七面向，來分析上述四個單位所舉辦的活動，讓讀者理解婚姻教育綜合性架構，並能加以運用。

政府部門

表 4-2　政府部門場域之婚姻教育模式

課程活動	依舊愛你夫妻營（新竹縣家庭教育中心）
內涵	1. 關係經營的技巧：分辨愛的語言與進行愛的存款、練習懇談傾聽、學習情緒自我疏導、學習關係修復技巧、透過懇談傾聽達到雙贏決策。 2. 知識及態度：原生家庭探討、衝突型態的覺察。 3. 動機及美德：承諾、饒恕、給人不改變的自由。
密集程度	高（兩天一夜；14 小時）
方法	以成長團體方式進行；講述、示範、演練、互動、觀摩、影片個案分析、小組分享、大組分享等。
時機	新婚
場域	旅館
對象	新婚夫妻
傳遞	專業教師

企業部門

表 4-3　企業部門場域之婚姻教育模式

課程活動	親密之旅週末營
內涵	1. 關係經營的技巧：分辨愛的語言與進行愛的存款、練習懇談傾聽、學習情緒自我疏導、學習關係修復技巧、透過懇談傾聽達到雙贏決策。 2. 知識及態度：原生家庭探討、衝突型態的覺察。 3. 動機及美德：承諾、饒恕、給人不改變的自由。
密集程度	高（兩天；14 小時）
方法	以成長團體方式進行；講述、示範、演練、互動、觀摩、影片個案分析、小組分享、大組分享等。
時機	親職早期～親職中期
場域	公司
對象	公司主管及員工家屬夫妻
傳遞	專業教師

NPO部門

表 4-4　非營利組織部門場域之婚姻教育模式

課程活動	夫妻成長工作坊（培愛全人關懷協會）
內涵	1. 關係經營的技巧：分辨愛的語言與進行愛的存款、練習懇談傾聽、學習情緒自我疏導、學習關係修復技巧、透過懇談傾聽達到雙贏決策。 2. 知識及態度：原生家庭探討、衝突型態的覺察。 3. 動機及美德：承諾、饒恕、給人不改變的自由。
密集程度	高（兩天一夜；16 小時）
方法	以成長團體方式進行；講述、示範、演練、互動、觀摩、影片個案分析、小組分享、大組分享等。
時機	新婚～親職晚期

場域	旅館
對象	各年齡層及族群之夫妻
傳遞	專業教師

學校部門

表 4-5 學校部門場域之婚姻教育模式

課程活動	夫妻成長團體
內涵	1. 關係經營的技巧：分辨愛的語言與進行愛的存款、練習懇談傾聽、學習情緒自我疏導、學習關係修復技巧、透過懇談傾聽達到雙贏決策。 2. 知識及態度：原生家庭探討、衝突型態的覺察。 3. 動機及美德：承諾、饒恕、給人不改變的自由。
密集程度	高（四個週六，24 小時）
方法	以成長團體方式進行；講述、示範、演練、互動、觀摩、影片個案分析、小組分享、大組分享等。
時機	新婚～親職晚期
場域	大學
對象	社區夫妻
傳遞	專業教師

第二節 關係的檢測與維修方式 —— 以親密之旅為例

知道汽車各方面的基本材料與知識，仍無法成為一流維修師，尚須進行許多實際的訓練，並知曉現場維修時的各種方式與技巧。婚姻教育的實務推

動，就是讓關係維修師們，去檢測並維修夫妻關係的重要一步，在推動教育的過程中，擁有專業知識的婚姻教育專業人員，能更加精進自我的能力與吸收經驗，並在教學相長的狀態下形成良性且正向的循環，持續為他人服務之時亦不斷累積教育的技能。

在婚姻教育實務工作方面，以兩種作法為主，一是普遍運用在婚前教育及婚姻教育的結構式檢測量表的評量與技能訓練（inventories and skills training），通稱為「婚姻教育檢測量表」，由夫妻分別完成量表中的問題來進行檢測。量表內容具備了夫妻關係的不同面向，之後量表會轉交電腦中的常模進行比較，得出結果後的二、三周，會由導引員（facilitator）跟受測夫妻進行二到三次的晤談。晤談的內容包括解釋檢測結果並以此討論夫妻關係中較具衝突的部分，晤談的過程中通常亦會加入部分的關係技巧訓練，在西方此檢測方法相當廣泛。

眾多檢測方式中，其中有三個量表最為普遍常見：(1)「婚前預備及關係提升」（PREmarital Preparation And Relationship Enhancement, PREPARE）；(2)「輔開思」（Facilitating Open Couple Communication, Understanding and Study, FOCCUS）；和 (3)「關係評估」（RELATionship Evaluation, RELATE）（潘榮吉，2020a）。

第二種作法，也是本章著重要介紹的「婚姻教育方案」，特別是具有高密度的增能方案，最能達到檢測與維修夫妻關係，其中實際的關係檢視、傾聽與溝通技巧等，在夫妻關係的改善上皆能發揮顯著效果。而觀察臺灣的社會生態以及華人習慣，筆者主要推薦「親密之旅」的方案，這亦是筆者多年親自實行後覺得成效匪淺的婚姻教育方式。

「**親密之旅：情感智慧與自我成長培訓課程**」（Journey To Intimacy，簡稱 JTI）是有美國愛情博士之稱的臨床心理學家黃維仁所創，這套課程內容是他整合過往 30 年最尖端的心理學臨床實證研究成果，加上全球頂尖婚姻治療課程中一些最有效的要素所組成。黃博士著眼於華人家庭與親密關係之充滿愛、焦慮與懼怕，於是開發「親密之旅」這個半結構課程，因為「受

傷之心人人有、傾聽共情皆可學、軍用武器民用化、醫治百分之九九。」
（黃維仁，2019a）鼓勵更多人成爲帶傷的醫治者。此套課程於 2007 年正式
問世，2019 年進行全新改版，透過標準化帶領程序，大幅降低小組長帶領
課程門檻，期望能遍地建立一個個心靈綠洲。該課程目前已推廣到歐洲、
非洲、美洲、亞洲等有華人家庭的場域，強調參與培訓的小組長要反覆帶
組、不斷回訓，透過帶小組建立一個個說眞話不受傷的心靈綠州，經由小組
成員生命經驗互相分享發展出新的觀點和角度來面對自我生命議題，然後
將被愛的經驗內化到心中，而達到心靈醫治的效果（黃維仁，2019a）。筆
者與妻子自 2013 年同時成爲臺灣第一屆親密之旅培訓師以來，共同培訓近
300 位小組長，並一起以「親密之旅」課程服務逾 200 對夫妻，婚齡從 3 天
到 66 年不等。

「這套課程是一個理論與實務並重的操作型課程，整體架構爲一個系
統、三大主軸、十二堂課、六個工具，並以對『原生家庭』的探索與理解爲
貫穿的重點。」（黃維仁，2019b）底下來一一簡要說明。

一個系統

親密之旅課程本身具有一個完整的理念與系統，其中分三階段培訓（初
階、二階、三階），可幫助培訓的教師及學員由淺入深，持續性地學習成
長，不斷增進自我人格以及教育思維的健全度。

三大主軸

三主軸分別是：

1. **有效處理差異和衝突**：兩人來自不同原生家庭及迥異的生活經驗，差
   異是無法避免的。差異容易帶來誤解，誤解就衍生爲衝突，善用衝突
   機會釐清彼此的差異與需求，不但不會造成關係損傷，反而能使兩人
   關係更上一層樓，多了一些理解與共情。
2. **刻意經營友誼**：有意識地培養兩人之間的感情，因爲關係一旦穩定以

後，人們常會視對方的付出為理所當然，反而不像初戀時那般珍惜，長久以往彼此之間的情誼就被侵蝕殆盡。

3. 發展健全的真我：兩個健全的人才有可能建立一段健全的關係。

所有的課程內容都圍繞著這三者的方向前進，著重在自我及與他人關係的覺察、認同、同理、互助與自我成長，以左右腦並重的角度來體驗理念的實行（黃維仁，2016）。

六大工具

六大工具分別為「愛的存款」、「懇談與傾聽」、「情緒疏導五要訣」、「關係修復十步驟」、「尋求雙贏」、「饒恕」，以此來幫助維修這輛婚姻之車。而六者具有順序，先讓愛的關係得以具現化，使愛的資產可以透過存款的方式增加，關係更加穩固。接著發展懇談與傾聽的能力，讓兩人可在關係的基礎上了解到雙方的差異以及累積的衝突。了解雙方差異與衝突之後，就進入到解決自我情緒的調節方法，再來對伴侶兩人關係中的衝突進行修復，以及面對兩人不同需求造成的衝突時找出具體可實行的雙贏辦法。最後在前述所有的工具與思維的幫助下，引導與產生對對方傷害行為的深層理解與饒恕，並付諸實行。這六大工具也會是接下來展示親密之旅重要的核心內容，於這六方面會有比較多的實例來呈現。

十二堂課

十二堂課程內容含括四個方向：愛中的衝突與差異、原生家庭的影響、情緒與關係的處理與實際的行動方式，最終導向如何讓人在親密關係中成長，成就健全發展的人格。課程循序漸進，首先從知識性下手，再進入自我覺察與體驗的心理蛻變；接著學習許多操作性的工具，來幫助認識與理解自我及他人的情緒；最後再運用許多實際的行動，讓人與人的關係得到修復與提升。從起始到終了，課程皆希望可讓人建構出整全的自我，並能適切地處理與他人的關係。

這套方案中的課程兼具左右腦學習，著重體驗式學習與群體動力的能量，其中引導學員的方法主要分幾個面向：

分組。從自我剖析（單人）、伴侶對話（雙人）、小組、群體討論等都有，主要是配合不同課程目標去做，例如在討論男女差異的部分，就會有男女分組，讓男性與女性可以與自我立場相近的人無礙地討論可能的問題。另外也會有夫妻一組或是相似特質／相反特質一組的可能性。

氛圍。團體動力原本需要大量的經驗與個人特質之幫助，並講究引導者的敏銳度與創意，是較難掌握的一個面向，控制得當，可幫助學員快速進入狀況，使課程進展順利。新版「親密之旅」課程，透過標準化帶組模式已大大降低對帶領者特質的要求，只要受過培訓的小組長基本上可照表操課，通常也能達到相當不錯的效果。

環境。包括活動時人物與空間的配置關係，例如如何讓相同／不同的人拉近距離、要將人們如何分配到哪個空間等。

安全性。如何讓學員在不受威脅或攻擊的前提下，無拘無束地分享內在看法，這點講求整個活動的設計、引導者的經驗及分組與眾人活動空間配置的方式。根據上述四個面向，搭配不同課程內概念與方向的調整，相信在人與人真實的關係互動之中，更能提升婚姻與親密關係的品質。

親密之旅進行的密度，常見有連續 6 週，每次 2 小時至 2 個半小時，或是連 3 週每次 4 小時、連 2 天每次 6 小時，也可以 4 天密集式的安排，每次6 小時，甚至直接安排兩天一夜的行程等，每梯 4-12 人，主要希望夫妻能共同參與，但不以此為限，單純先生或太太個人也行。而具體的操作方式與相關內容，將於底下開始介紹。

此部分學生的服務學習會有些不同，舊版「親密之旅」的執行與引導相對而言須有相關知識、大量經驗、個人魅力，以及對人具有一定敏感度的特質方能處理，儘管 2019 年後的新版已相對簡易操作，但當服務對象是夫妻時，非一般學生生命經驗能夠掌握，因此課程中以培訓研究生熟稔內容，並帶領學生進入實際夫妻成長團體現場，進行筆者課程帶領的觀察。

　　已進入婚姻的伴侶，因社會文化、經濟與兩個家庭相處間，所產生的各樣問題錯綜複雜，若不能掌握課程中各式突發狀況的處理方式，是難以承擔引導者的角色。是故這部分的服務學習，學生會偏向於協助、記錄與反思的層面，不過在筆者執行的過程中，除擔任課程引導者與講師外，整個活動的前期準備、傳播推廣、課程破冰協助帶領以及最後的反思討論，幾乎皆由學生一手包辦。可說類似於「模擬協會」的方式，學生在籌辦以及參與課程的過程中，亦會得到許多寶貴經驗，且課程也有關婚姻教育與經營，如此並不失服務學習的宗旨。

　　親密之旅有許多面向的課程內容，底下筆者將區分四個部分，並介紹其操作方式及實際案例的示範，讓讀者能更了解其運作的內涵與可能性。在四個部分中與內容相關的理論部分，若前述幾章已闡述即不再贅言，只有與操作有關且前文未提及的理論才會增補。

一、真愛與迷戀 & 智慧存款

　　第一部分是課程的初步階段，主要為幫助夫妻理解真愛與迷戀的差異性，進而了解自己對伴侶是否有錯誤的投射。接著再學習辨別自己與對方的愛之語，以利日常生活中運用對方重視的愛之語去做「存款」，將愛情關係視作須互相存款的資產，以此「愛的存款簿」幫助伴侶可在平時就累積彼此的愛，讓發生衝突時雙方都還有感情厚度去做緩衝，不至於讓關係迅速惡化崩解。

真愛與迷戀

　　真愛與迷戀的課程之具體操作方式：首先分若干組，接下來各組內討論迷戀與真愛的內容，在小組內成員先分享，各組內統整之後，再跟組外各組分享，最後對照黃維仁博士所做的區別條目，以此擴充學員對兩者的認識。

　　根據筆者多次帶領的此部分課程中，底下選取出一些學員討論出有趣且認真的答案（表4-6），讓讀者看看是否也有自己的答案在其中？

表 4-6 　學員迷戀與真愛的討論

迷戀	真愛
迷戀是在電視裡面的	真愛是睡在旁邊的
迷戀較短暫 迷戀比較容易發生 迷戀比起真愛可能比較膚淺	真愛較長久 真愛比較難
有沒有承諾也是一個很重要的因素，迷戀不需要有約定承諾	真愛是有承諾的
迷戀有點偏向單方面、表面的喜歡、比較瘋狂的喜歡一個人 速食愛情、很短暫、單方面付出或是單方面崇拜對方	真愛不僅僅是愛情，同時也可以是友情、家人，是雙向的感覺，喜歡的是一個人真正的個性等等內在感受
迷戀較短暫 迷戀有一部分可能是自己的想像 迷戀可以是單方面的	真愛較持久 真愛是好好地認識且包容接納對方 真愛卻是雙方都渴望如此

　　其中許多有趣的答案，例如「迷戀是在電視裡的，真愛是睡在旁邊的」此句，其實在現代複雜的男女關係中相當難說，而「真愛比較難」一句，亦說明了現代人的普遍想法，筆者認為難就難在沒有方法去辨認，加上大家缺少自我覺察的角度與能力，如此不只難，還常常搞錯。

　　接著再請學員參照黃維仁博士所做的簡易區分（表 4-7）：

表 4-7 　黃維仁迷戀與真愛的區別

迷戀	真愛
瞬間發生，一見鍾情	基於長期的了解
基於片面心理投射	基於全面的認知
自我中心	利他性
以激情與化學作用為主	以友情與親密為主
經不起時間考驗	以意志承諾廝守終身

資料來源：黃維仁（2019）。**親密之旅情感智慧與自我成長培訓課程學員手冊**。臺北市：國際親密之旅。

　　以此歸結來看，迷戀與眞愛的差別就在於**維持的時間、以誰爲中心、愛的原因、是否有包含愛的三大要素（激情、承諾、親密）**。

　　由於「親密之旅」是一套教導人們學習愛的課程，「增加讓人感受到愛的能力，減少讓人受傷的機率。」（黃維仁，2019）所以開宗明義先道出眞愛爲什麼有其不可或缺的重大意義，經過討論後如果發現夫妻關係中存在的是眞愛，值得開心共勉繼續努力維持。然而即使迷戀的成分居多也不必過於擔憂，迷戀就是愛情三要素的激情，也是一段關係的開始，經過「親密之旅」十二堂課的學習與薰陶，相信夫妻感情可以往親密及承諾方向之完滿的愛邁進。

愛之語的智慧存款

　　Chapman 在世界各地演講，察覺不管什麼文化、什麼族群、什麼種族、什麼性別與年齡，人們表達愛與接受愛的方式大概可以歸納爲五種，並將其命名爲「愛之語」，分別爲：肯定的言詞、精心的時刻、接受禮物、服務的行動、身體的接觸。心理學家 Willard Harley 提出一個「情感帳戶」的概念，也就是每個人的心中都有一本專屬愛人的「情感帳戶」，當我們做了讓對方開心的事情，就是在對方心裡這本愛的存款簿存了款，反之我們做了讓對方生氣的事，就是在存款簿提了款（黃維仁，2016）。愛的投資正如所有財務投資一樣，最理想的狀態是在有限的投入下得到極大化報酬，愛之語即是有效進行愛的投資之關鍵技巧，能夠不偏不離打中靶心，打進對方的心坎裡。

　　在本書第 3 章中，已介紹這五種愛之語，本部分的第二個課程向度，就是如何運用這五種愛之語來了解自己與伴侶，進而達到能用對方所偏愛的愛之語，來進行愛的智慧存款，達到存一進百、事半功倍的愛情增溫效果。

　　本課程操作的方式：首先，請夫妻分別在紙上描摩出自己及對方的手掌，緊接著分別依據彼此長期的觀察，在手掌上標示兩人愛之語的排序（大拇指最重要，依序降低）。第二，請雙方「對對看」自己對配偶的了解有多少；爲避免失望，此時筆者多會強調猜錯是正常的，因爲我們從來沒有學習

過，而猜錯正是猜對的開始。第三，會給予 Chapman 所設計的愛之語檢測量表，讓伴侶雙方來填寫並自我檢測，思索自己所重視的愛之語及排序到底為何，是否跟一開始所想的相同，過程中受測學員往往會出乎自己意料，許多人測驗前後的答案是不一的。如此可讓學員更理解自己的愛之需求，也幫助伴侶理解自己內心真正的想法，甚至個人在不同生命時期，所需的愛之語也會產生變動，可在不同人生階段對自我做檢測。

第四，進行愛的智慧存款練習，步驟為存款人說三個欣賞與讚美配偶人格特質的事件，以及謝謝對方幫你做過的一件事情，能雙方眼對眼、手握手效果更好；切記說話必出自真心，話語中不要用「可是、不過」等打折扣的詞彙，完成後兩人互擁，再交換角色（存款人／收款人）。

愛之語真諦

理解自我與伴侶的真實需求的愛之語，真正的目的為何？理解知識很重要，但知道知識背後所要達到的目的，更是核心，空有知識卻無法契合知識的意義，十分可惜，理解目的亦可加強我們去實踐此知識的決心。而愛之語的目的與真諦，是幫助雙方有效地滿足彼此愛的需求。常人多以自己喜愛的習慣與視角，去要求或希望伴侶應以自己喜歡的方式表達，但每個人需要及善於表達愛的技巧不同，若兩人無適當地理解對方的愛之語，就會產生許多情感落差。例如一個喜愛接受禮物的太太，皆會在重要的日子為先生備上禮物，一開始先生還會認真表達感謝，但久而久之只落得口頭上一句「謝了」，使太太大為受挫，認為自己的真心被輕視。誰知先生最主要的愛之語是「服務的行動」，最不看重的就是「接受禮物」（潘榮吉，2020e）。

人的時間、體力以及各項資源都並非無窮，所以當要對伴侶表達愛意之時，若能不走冤枉路，直接打入對方內心，方為上策，這就是學習愛之語最重要的核心意義，節省無謂的時間與精力，將最好的愛用最適切的方式傳遞給對方。無論愛與被愛都需要學習，前者學習如何正確地給予，後者是幫助對方懂得並滿足自身的需求。「只要在一起的時間久，對方就必然懂得我的

需要。」這樣的想法易導致許多誤會，雙方坦誠溝通，才能讓彼此的付出都得到相應的滿足。

此外，隨著家庭生命週期的改變，雙方愛之語的排序也可能出現改變，特別是從新婚階段進入育兒時期，大部分女性無論新婚時期的愛之語排序如何，往往在育兒期最主要的愛之語皆會改變為「服務的行動」，希望先生可以主動接手照顧孩子或料理家務，讓她獲得片刻喘息。這也是在教導愛之語時要特別提醒學員的注意事項（潘榮吉，2020d）。

Sue Johnson 引用德州大學 Ted Hudson 的一項指標性研究指出，婚姻失敗的原因並不在於爭吵的次數增加，而是愛意與深情的互動愈來愈少（劉淑瓊譯，2015）。可見刻意表達愛意的存款對婚姻成敗事關重大。

二、男女差異 & 原生家庭

人與人之間存在諸多差異，當差異不被理解又無法溝通時，易導致誤解，此時衝突將一觸即發，使得關係出現齟齬與裂縫。差異可能來自文化、種族、宗教、城鄉、個性等的不同，只要彼此無法發展同理與接納，衝突就會日漸擴大，小從親子大到民族都是如此。在婚姻教育中，特別是男女之間的差異及原生家庭經驗的鐫刻，都影響著伴侶之間相處的狀態與問題。雖說男女有天生上的差異，但也不可將刻板印象加諸在對方身上，事實上每個人的生命經驗皆是獨一無二，也深深根源於原生家庭的塑造，探索差異是為了更了解自我與他人，找出一條發展健全身心的道路。

男女差異

男女差異課程的操作方式為四個步驟：(1) **男女個別分組**；(2) **分組討論**三個問題，分別是異性帶給我的困擾是什麼？揣想異性的需要為何？分析自身的需要為何？(3) **分享**，組內分享與男女組相互分享；(4) **彙整**大家資料後與黃維仁博士的簡要說明對照。

之所以男女分組的原因，是讓雙方在立場相近、經驗相仿的組別中，能

夠暢所欲言並得到認同感的設計方式，在分組討論時切記要讓男女都在彼此聽不到對方談論內容的區隔空間進行。

　　底下是筆者在引導操作此課程時，學員一些有趣的討論（表 4-8 至表 4-10）：

表 4-8　異性給我們的困擾？

男性（觀點）	女性（觀點）
1. 無理，不實際的想法	1. 講不聽
2. 情緒化（針對女生先安撫下情緒）	2. 一個口令一個動作
3. 簡單事情複雜化	3. 很難引起共鳴
4. 生氣時罵人很難聽	4. 沒同理心
5. 管太多（細節）	5. 太理性
6. 容易鑽牛角尖	6. 不懂女人的心
7. 選擇障礙（用餐）	7. 表達差
8. 同性之間的計較（吃醋）	8. 體味重（臭男生）
9. 不理性花錢	9. 事情輕重緩急不同
10. 出門很慢	10. 很難舉一反三
11. 情緒變化大	11. 自尊心強
12. 嘮叨	12. 自以為是
13. 講話不直接	13. 大男人
14. 管太多（生活習慣）	14. 壓抑
15. 選擇障礙	15. 不直說
16. 開車技術差	16. 神經大條
17. 沒有方向感	17. 不講話
	18. 愛面子
	19. 要講的直白，聽不懂暗示
	20. 太直又會生氣
	21. 喜歡對錯輸贏
	22. 下指導棋
	23. 沒辦法同時多工
	24. 已讀不回
	25. 只注意事情不在意情緒

男性（觀點）	女性（觀點）
	26. 講話白目
	27. 抱怨時只會給方案（其實是想討拍）
	28. 情緒壓抑
	29. 價值觀不同（我們覺得很重要的事，另一半覺得不重要）
	30. 情感同理不同（有時候跟對方抱怨，只是希望對方傾聽跟擁抱，不一定要解決問題，純粹想要對方表示安慰即可，但是對方常常認為我們的抱怨是無理取鬧）
	31. 積極度不同（有些事希望對方早一點完成，但對方認為一定會完成，不用那麼早）
	32. 在溝通上不善於表達，不解風情，像化石和木頭一樣
	33. 在金錢觀念上，對方會比較務實
	34. 只重結果，卻不重視過程
	35. 常常說的話有聽沒有懂，做（說）的比較多
	36. 工作型態不同，造成休閒的方式也不同
	37. 生活習慣的差異性
小總結	
情緒化、無法理解我們而造成負面想法、管太多、指責外觀穿著、想法與感覺的差異、因感受改變或否定計畫、教育方式的不同導致觀念不同。	固執，不能同理，自己說了算，隱藏，被猜到時才會承認。較難表達感受、不溝通、聽不懂、被動、邏輯思考、愛吹牛、衛生習慣不佳、只講重點、喜歡給意見、大男人、少彈性、少一根筋、粗枝大葉、白目、主導性強、自我感覺良好、自以為是、優柔寡斷、律法主義、不認錯、築牆、沒耐心聽完整敘述、覺得自己辛苦而女人不辛苦。

表 4-9 異性有什麼需要？（男性）

女性想男性	男性想男性
1. 男人感受到被愛	1. 獨處的時間
2. 被肯定	2. 允許興趣（休閒）的時間
3. 被崇拜	3. 支持工作或事業
4. 被感謝	4. 體諒辛勞
5. 需要安靜	5. 有人幫忙煮飯
6. 獨處	6. 有人幫忙帶小孩
7. 打電動	7. 勤儉持家
8. 被相信有能力（信任）	8. 自己獨處 Men's talk time（信任）
9. 接納	9. 彼此喜好（同理心）去包容對方的興
10. 被在乎、被關心、注意力、興趣被	趣嗜好
尊重	10. 對自己爸媽好
11. SOP	11. 帶出去時要溫良恭儉，說話尊重，
12. 被體諒	顧面子顧裡子
13. 需要知道重點、結論	12. 和顏悅色、溫柔理性說話
14. 替他做事（服務）	13. 被完全信任不受質疑
15. 睡飽	14. 被英雄式的崇拜，不帶條件的支持
16. 吃飽	15. 有時可以被撒嬌
17. 誇獎	
18. 被肯定	
19. 捧上天	
20. 有自己的空間	
21. 自由	
22. 照料三餐	
23. 處理瑣事	
24. 性	
25. 錢	
26. 物質滿足	
27. 關心	
28. 撒嬌	
29. 理科腦需要提供 SOP 才能做事	
30. 被需要的感覺（當英雄）	

女性想男性	男性想男性
31. 尊重、面子 32. 直接跟他說結果和重點 33. 支持他的夢想 34. 事業成功的成就感 35. 給予男人談話的空間	
小總結	
感覺被需要、被肯定、讚美、尊榮感、自己的空間、靜靜陪伴不要說話、崇拜、支持他想做的事、肢體接觸、被服務、聽他說、在外人面前給他面子、沒有你不行、英雄、一同孝順他的家人、時間、被成全、支持、不要碎念、控制感、被尊重（事前告知）、成就感、價值感、歸屬感、親密動作、陪伴、榮耀、撒嬌。	溫柔、撒嬌、被信任、理性的溝通、慢慢說話、面子、不被比較、被關心、被適度的提醒（不要太嘮叨）、被尊重、家裡能顧好（食衣住行）、給一個不受打擾的空間時間、被無條件接受、不被比較。

表 4-10　異性有什麼需要？（女性）

男性想女性	女性想女性
1. 言語肯定 2. 曾經發生過的小細節 3. 表達愛意的小卡片 4. 呵護對方，在意對方感受 5. 生活上支持服務 6. 愛屋及烏 7. 傾聽生活瑣事 8. 聊天 9. 甜言蜜語 10. 買禮物（實用性不重要） 11. 幫忙提重物 12. 拍照 13. 吃美食	1. 甜言蜜語 2. 貼心 3. 肢體動作（hug） 4. 主動幫忙 5. 付錢 6. 主動提重物 7. 關懷的話 8. 買喜歡吃的東西 9. 不要評價 10. 站出聲（挺身而出）保護 11. 和女生一起罵（同理心） 12. 為了女生做原本不想做的事 13. 幫忙打蟑螂

男性想女性	女性想女性
14. 出遊	14. 週末出遊約會
15. 幫忙做家事	15. 主動安排行程營造小浪漫驚喜
16. 帶小孩讓她去玩	16. 把小孩帶走
17. 讓她睡到自然醒	17. 分擔家務
18. 逛街	18. 當司機
19. 接送上下班	19. 買伴手禮給家人（原生家庭）
20. 不要阻止團購	20. 陪同看診
	21. 參與產檢
	22. 女人感受到被愛
	23. 驚喜，surprise
	24. 關心
	25. 解決問題（實質性的）
	26. 被認同
	27. 被讀懂
	28. 支持（站在妳這一邊同一國）
	29. 被感謝（今天真是辛苦妳了）
	30. 注意力放在自己身上
	31. 表現出對女人的關懷及行動
	32. 需要情感上的支持
	33. 傾聽和陪伴
	34. 希望對方可以很快的猜到女生的心思
	35. 給予擁抱和安撫情緒
	36. 家事分擔、共親職（一起帶小孩）
	37. 與對方分享心事
	38. 花言巧語，喜歡聽好聽的話語
	39. 較多表達關心和同理
小總結	
分攤家事、較會撒嬌、期待愛烏及屋（家人、父母）、被呵護、照顧小孩、獨一無二的感受、不喜歡被否定、傾聽、安全感被呵護、被鼓勵、讚美、接納。	說話、傾聽、同理、被理解、聽懂、關係的連結（肢體等）、我說什麼你都不能說不、希望對方也能說出心理話、肯定、鼓勵、讚美、主動發現對方的需要、肢體的接觸、眼神交流、專注、關

男性想女性	女性想女性
	懷、安慰、被聆聽、被服務、被尊重、可以放心的說、穩定、接納、忠實、主動重視、安全感、被愛的感覺、放心表達軟弱、心靈的陪伴、希望與對方有心靈交流。

　　從上面男女的描述中，光是對事情討論的方向、詳細度等，就可以看出男女雙方的差異，女性情感較細膩，在每個問題得到的答案都比男學員多上好幾倍。學員有許多打趣但卻無比真實的答案，例如不要阻止女人團購、把小孩帶走之類的，每個看似日常的要求背後，其實都有著個人深刻的需求及渴望，這些皆可對照黃維仁（2010）做出的男人、女人需求傾向表格來看（表 4-11）：

表 4-11　兩性傾向與一般差異

一般來說／較傾向於	男人	女人
自我價值感主要來源	自我定義（Self Definition）：較重事業成就、辦事能力、在什麼公司或機關工作、職位多高、薪資多少等等。婚姻家庭只占生命的一部分。	愛的關係（Relatedness）：較重親密關係、以愛的連結來證明自己存在的價值。婚姻家庭占生命一大部分。
權力傾向	較重視上下主從關係，較在意能出頭當領袖（Top-Down/Stand Out）。	較重視平等關係，需要被群體接納（Equal/Inclusion）。
較難忍受	被羞辱（Shamed），工作表現或能力被批評，較需要被無條件接納。	被棄絕（Abandoned），失去愛的關係。
親友遇到困難時	喜歡給意見，替人解決問題（Problem Solving）。	能傾聽，並給予同情與支持（Provide Empathy）。

一般來說／較傾向於	男人	女人
壓力來臨時	較需要別人給空間，自己慢慢安撫情緒（Space）。	較需要別人傾聽，給予同情與支持（Closeness）。

資料來源：黃維仁（2019）。**親密之旅情感智慧與自我成長培訓課程學員手冊**。臺北市：國際親密之旅。

　　再提醒一次，這只是一般來說，並非絕對的傾向，特別在多元文化與社會價值底下，人的性格本就有無窮的排列模式，黃博士只是做出了一個大概的說明，個人可依照自己的生命特質去調整。在本課程過後，學員可掌握到基本的男女差異，並藉由分組與分享產生認同與同理的可能性。

原生家庭

　　本部分的第二課程，來到了第三章相當重視的原生家庭問題，人最基本的思維、情感以及心理創傷，幾乎都來自於原生家庭相處的經驗，若要更深入理解自己以及伴侶，就需要踏入更深層的心理，去探索自我以及伴侶表象行為背後的原始經驗與原因。據筆者執行多年並歸納此部分的重點，主要有四個概念步驟：「覺察」、「認同」、「同理」與「理解」，以此四者為各個設計活動的背後意義，能幫助夫妻深度地體會對方的生命經驗，為之後關係的經營與修復建立良好的基石。

　　本課程的操作方式主要是以「原生家庭關係圖」為基礎來進行，但先要理解原生家庭中的「4R」元素，並以此來分析自我，才能精確地將自我放置在原生家庭關係圖中。

　　首先來解釋一下 4R 分別是：**角色（Roles）**、**規則（Rules）**、**儀式（Rites）**、**關係（Relationships）**。角色是指每個人在家庭中所扮演的角色，角色的扮演基本上必然是複數，就像前一章節 Satir 所言，一個人可以同時是父親、兒子和承擔家庭經濟者等；規則就是家規，不管是明確規定的還是隱性規定，這些規定會影響人對世界的看法與對秩序的想法；儀式是指

家裡有沒有什麼標記特殊時空的方式，比如說一定會慶祝某些紀念日或生日，或是有專屬於家人的某種打招呼方式等；關係即是在家中人與人之間的感受如何。

　　底下藉由筆者在課堂上蒐集的原生家庭例子，來具體說明這 4R 在家庭中的表現方式：

1. 角色（Roles）

　　太太的爸爸是教師，爸爸每年都會在寒暑假精心規劃全家人旅遊時程，為她童年留下美好回憶。先生的爸爸是公務員，媽媽是全職家庭主婦，每年都是媽媽追著爸爸定下可以請假出遊的日期，然後她一手包辦家庭旅遊事宜。夫妻兩人結婚後，雖然彼此都喜歡旅遊，但對誰要主動負責規劃旅遊就出現問題，常常兩人互相推拖。

2. 規則（Rules）

　　有對夫妻結婚 20 幾年，卻屢屢遇到吃飯的問題而爭執不下，太太埋怨先生每次在她辛苦做完一頓豐富佳餚時，就默然吃完走人不見蹤影，等她從廚房出來的時候，要獨自面對一桌子的菜，總有一股委曲的感受，好像自己像個下人般。早年還有孩子陪伴，現在孩子也離家，愈想愈氣，覺得先生從來都沒有尊重她，不看重家庭凝聚關係。經過一番對原生家庭的探討，這對夫妻才恍然大悟，為什麼吃飯這件事造成夫妻關係緊張這麼多年。太太家因為爸爸是軍人緣故，吃飯時間不僅很固定且一定要等全家在餐桌前到齊後才開動；先生的原生家庭是開雜貨店，他們家的吃飯習慣就是趕緊吃完飯，然後換其他家人回來吃，全家一年只有一天是全員到齊一起吃飯，就是在除夕夜團圓時，因此對於全家人共坐在餐桌上才表示家庭凝聚的看法完全無法理解。

　　有些家庭的原則是十分固著的，不容些許更改，此類家庭的家人關係就會呈現父母十足掌控孩子的生活，範圍從時間、心靈空間甚至思想都控制著。有些家庭幾乎不存在任何家庭原則，孩子是放養長大的，通常這樣的孩

子渴望被愛、被需求，但也因習慣透過自我努力來滿足自己的需要，在關係中常表現出異常獨立，反而與他們內心需求背道而馳。

3. 儀式（Rites）

對成長於農村的 50 歲先生來說，小時候過生日猶如天方夜譚，全家人能吃飽穿暖就已經心滿意足，從來沒有過生日的概念，勉強記得只有爺爺60 歲的時候，好像家裡煮了一鍋豬腳麵線，其他人的生日應該是沒有任何儀式。太太是家中唯一的女兒，是父母千盼萬盼來的千金，從小放在手心上養，像生日這般重要的節日，父母總是花費心思來讓她開心。那時候麥當勞剛登陸臺灣不久，媽媽就曾邀請她的小學同學及朋友在麥當勞替她慶生。不難想像，過生日根本是烙印在她基因裡的必然。婚前先生還會為了討女朋友歡欣在她生日時特別送禮物給她驚喜，哪知兩人結婚時間久了，先生慢慢一切從簡，最後就壓根兒忘記這檔事，雖然太太知道先生不是沒把她放在心上，但覺得就是沒有被呵護的感覺。

4. 關係（Relationships）

家人關係的親近或疏離，特別指的是情感上的距離。有些家庭家人間無所不談，無論是要讀什麼科系、交怎樣的男女朋友、將來人生道路的發展都能跟父母商討，心裡受了什麼委曲或遇到喜不自勝的事，也會第一個想告訴家人。但有的家庭家人關係就十分疏離，即使彼此在家中打了照面也只是點頭示意，更別說出了家門後，彷若消失無蹤。

有對夫妻，先生家做生意，父母天天忙於工作，完全沒時間管小孩，他自己決定要讀什麼學校要到哪裡讀，父母完全沒過問，自己負百分之百的責任；太太的父母早年離異，她跟著媽媽長大，媽媽對她特別寵愛珍惜，所以管得很緊，兩人交往後先生覺得太太的媽媽介入太多，要求太太先搬出來和媽媽保持距離，令媽媽很不能諒解。

上述就是 4R 的具體展現方式，藉由 4R 的理解讓學員能對自我的原生家庭進行分析。第二步就是讓學員將分析過後的自我原生家庭，放置到「原

生家庭關係圖」之中。原生家庭關係圖是由**親密軸（X 軸）：過度疏離——過度親密**，以及**彈性軸（Y 軸）：過度放縱——過度掌控**組成（如圖 4-2），藉由 4R 得來的分析結果，分析自我屬於哪一個象限，接著再試著思考伴侶在哪個象限。

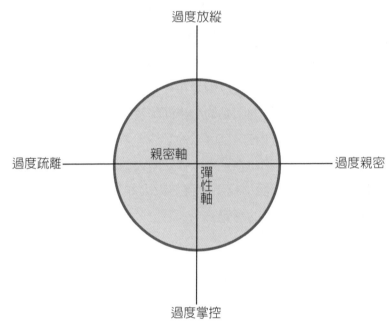

圖 4-2　原生家庭關係圖

資料來源：黃維仁（2019）。**親密之旅情感智慧與自我成長培訓課程學員手冊**。臺北市：國際親密之旅。

　　第二步做完後，夫妻可相互對照，解說為何自己的點座落在該象限，然後看看自己的原生家庭在伴侶眼中是哪個型態，然後各個小組自由分享。據筆者多年經驗，許多夫妻通常都在極端的兩邊，相當有趣，也說明了人尋找心理互補的現象。

　　最後，可將上一堂學習的「愛的智慧存款」，應用在原生家庭中，對象最好是父母，因為這是帶來原生家庭關係翻轉與和好的機會。但如果和父母

關係實在緊張而無法進行，也可改以其他親近的長輩爲對象。關係改變，人的心理狀態也會跟著變化，讓自我人格更加完善。底下就以筆者個人的例子來做個原生家庭存款的範例：

給父親的存款

阿爸，我想利用這個機會對您說一些從來沒有當面對您說過的話。阿爸，我很欣賞您吃苦耐勞、堅毅不拔的精神。您從十七、八歲因出門買東西就被軍隊從故鄉帶到臺灣，一別就是四十年才又有機會重回到家鄉。無學歷、無技能加上沒有官階的您，竟然能以超人的智謀提早退役建立家室，才有後來的我們一家人。您做過各種最苦的工作，上山挖井，下海捕撈，又要務農餬口，在閩南村的鄉下，我從小就被慣稱是外省囝，而您一個外省人又是承擔了多少的異樣眼光，但您能忍下，在我們就學期間您總被推選爲小學家長會長，讓我們得以昂首挺胸。

阿爸，我很欣賞您的才華洋溢。我印象中小學您就用您的理解方式開啟我對數學的理解；您喜歡寫書法，隨興幾筆都能看到其中的灑脫韻味；您很會自行修補家具，在許多各式廢棄物中，您總是有辦法妙手回春，重新創造價值。當中我特別欣賞您的廚師才藝，您因以上所提的工作都不足以養家，就毅然決然自學廚藝，成爲我們當地有名的總鋪師（廚師），當地居民後來時常看見我就說「原來你是總鋪師的孩子！」成爲我們得意的記號。您對我們說過，要當總鋪師煮出婚喪喜慶的十道大菜並不是難事，三十、五十甚至上百桌的菜量也難不到您；您說最難的是要不斷變化菜色，因在那個鄉鎮吃來吃去都是同一群人，這才是眞正的考驗，我聽了眞是佩服不已。多年後「不斷創新精進，餵飽人的需求」這些話對我在上課、演講的各種不同場合有極深的啟發。

阿爸，我要告訴您我很欣賞您恩慈大方的人格特質。您在我們那個村落是唯二成家的外省人。從小我們就看到您每逢節慶必要我們去邀請所有的榮

民伯伯（退役軍人）來家裡過節，我知道當您看到孤苦無依、離鄉背井的伯伯能高朋滿座會是您最大的欣慰，我們的家也帶給他們一點點家的感覺。當然我們都不會忘記中秋節一盒又一盒加起來比我們身高還要高的中秋月餅，那都是一個個您對他們如兄如父的無私關照和一片片聊解鄉愁的堆疊。

　　最後，爸，我要特別感謝您，在鄉村每個孩童都有做也做不完的農務，傍晚一下課孩子們就直接被分配到該有的工作崗位上，直到天黑，回家能完成作業溫習功課簡直是天方夜譚，我很感謝您能先讓我完成功課再去做農事，我也因此成為準時完成功課並名列前茅的那一位。這一點的優先順序的差異，也就成了那關鍵的差異。中學時生物老師要我們回家請父母親協助做蝴蝶標本夾，沒想到一、二週後老師檢查全班同學是否有完成時，我竟是全班唯一舉手的！爸爸，謝謝您看重我的需要，用服務的行動表達了您對我的愛和重視，當我後來在很多場合提到父母親愛的語言時，我總會提到這件事對我的重大意義；還有在提及原生家庭對我正向的影響時，太太也都會告訴我，我也最常用服務的行動來對待家中兩個兒子，謝謝您將這寶貴的人格資產留給了我。您用一生守護了這個家，也支持成全了我們的事業和家庭的發展，我要祝福您長保健康，喜樂滿溢！爸爸，您是我心中所敬愛的爸爸！

三、情緒疏導五要訣 & 關係修復十步驟

　　EQ（情感智慧）的重要性，在第 3 章時就已提及，但在進入此部分前，仍須說明在情緒與關係課程中，要再度注意的一個前提，即無論情緒的發生是因怎樣的事件，我們都必須接受情緒本身是無對錯的。行為與思想會有好壞是非之分，但情緒感受本身卻沒有，要能分辨感覺與思想行為的差異，情緒感受是被激發出來的真實反應，也代表了人內在諸多刺點的呈現。

　　許多人會逃避或是怪罪自己情緒的出現，對於情緒本身加諸了是非對錯的標籤，這是偏頗的思維模式，即便是強烈的負面情緒，只要能正向看待與

接受，並對自己的情緒負責，都可展現出情緒背後帶來的積極價值。

猶如第 2 章中提及分手的創痛，被觸發的情緒若只是逃避與否定，只會拖長傷痛的恢復時間，甚至會因無法正視情緒而留下創傷經驗，埋入潛意識中，在日後不斷重複發作而不自知。故千萬不要將情緒置之不理或斥為負面，這也是底下進行情緒調節與關係修復之前須理解的前提。

處理情緒最重要的三步驟，**一是自我覺察與了解，二是標明情緒為何，三是找出疏導方法**。步驟一與三很容易理解，但步驟二的標明情緒就需要些許說明。情緒之所以易讓人導致混亂，除了自己沒有覺察之外，另一重要原因就是無法找到相應的詞彙去說明情緒及其程度。標明情緒即希望人可清晰理解當下或當時被激發出的情緒為何，又能如何沒有對錯地說明它，這點對於情緒的分析相當重要。詞彙量或感受性較低的人，在這點上就會發生問題，在情緒發生的當下或是事後回想時就易出現混亂狀態。

想初步學習這些情緒的處理方式，或是進階到下一步的五要訣、十步驟，甚至之後的課題，就須先運用一個溝通工具「**懇談傾聽**」來重複練習。簡易的操作方式為：兩人一組，一人當懇談者、一人當傾聽者，懇談者描述一個與傾聽者無關的事件，並說明事件帶來的感受。可用四種句型來說明：(1)「當」某事件發生，事件的說明請用客觀態度，不要加上自己的主觀詮釋與情緒；(2)「我覺得⋯⋯」，此句用來作為感覺直接的形容；(3)「那感覺好像⋯⋯」，此句可用一些具體的「語言圖像」來說明；(4)「我所需要的是⋯⋯」，此句用來表達自己的需求。之後傾聽者用自己的話重述懇談者的語意，直到懇談者認為已被了解為止，之後可將角色對調再來一次。反覆練習後，可幫助參與的兩人去察覺、標明情緒，而在述說與被了解的過程中即為一種疏導方式。此一工具在後面的情緒疏導五要訣與關係修復十步驟中，皆是基本的操作。底下就用一個日常中具體的案例來作為懇談傾聽的範本：

懇談傾聽

　　臺灣有一種餐廳名為「無菜單料理」，也就是顧客並不能事先知道菜色如何，完全取決於大廚當天能取得最新鮮可口的食材，用創意來烹煮，往往價格昂貴，但色香味俱全，且因菜色無法預測讓人充滿驚喜。不過因此有時也會踩到地雷，當消費者認為食物與價格根本不能相配時，就會有一股受騙的感覺。

1. 懇談者

(1) **當**我去一家當地著名的「無菜單料理」餐廳用餐，環境很優美，服務人員態度也很友好，但當餐點一份份上桌時，有很美的擺盤，食材卻是十分普通，特別是烤了一大條便宜的吳郭魚，要塞滿我的肚子。

(2) **我覺得**驚訝、憤怒和失望。

(3) 那**感覺好像**誤上了賊船，想下船還下不了。

(4) **我所需要**的是被理解和被安慰。

2. 傾聽者

　　你的意思是說：當你去一家著名的「無菜單料理」餐廳用餐，期待會有驚喜的食物，沒想到店家烤了一大條便宜的吳郭魚，要塞滿你的肚子，你覺得驚訝、憤怒和失望。那感覺好像誤上了賊船，想下船還下不了。你所需要的是被理解和被安慰。是這個意思嗎？請問我答對了百分之幾？

　　懇談傾聽並非一句句鸚鵡式的回應，而是可用自己的語言重新詮釋對方的話，再和對方確認達到多少比例的了解，基本上以 95% 為目標。因為溝通最常出現的困難在於，我們時常在誤解對方意思的前提下繼續對話，當然愈走愈偏的機率就非常大。如果我們能一段段地停下來確認自己收到的和對方表達的是同樣訊息，這個過程雖然看似緩慢繁瑣，卻是達到有效溝通的重要關鍵。

　　就上面的例子而言，懇談者要表達的情緒跟環境、服務沒有直接相關，所以複述時就可以選擇省略。傾聽者在請求確認的過程中，又給懇談者

一個機會表達自己的意思，那些他覺得重要而被傾聽者忽略的訊息，可以再次提出補上。

婚姻教育中的夫妻互動：「情緒疏導五要訣」

　　理解了懇談傾聽的操作方式後，就進入到「情緒疏導五要訣」。「情緒疏導五要訣」是爲了疏導自身情緒所做的練習，可讓在衝突中被情緒擾住的身心得到暫停與止息的機會，奪回遇到衝突就被潛意識搶先反應的主動權，進而去理解自身的情緒爲何，審視它的來源與可能，並思考自己出現這種情緒的需求是什麼，最後做出能夠健全自我與他人的行爲。五要訣的步驟如下（黃維仁，2019）：

1. 面對傷痛與衝突，學習暫停

　　一般遇到衝突時，我們易於放任情緒氾濫，並讓身心離開意識的掌控，做出許多衝動的言行舉止，傷害並撕裂我們與他人之間的關係。學會在衝突中停下，倒數 10 秒，情緒就能暫時受控，可讓我們自己回歸意識，掌握自己的行爲反應。

2. 了解、標明情緒

　　具體去尋找並用言語標示自身的情緒，多種情緒可能會同時出現，能夠試圖正確地辨認情緒，即是疏導情緒的開始，試著在衝突暫停後去問自身的情緒有哪些。此時情緒語彙十分重要，語彙愈豐富愈能抽絲剝繭地理清自己的情緒團塊。

3. 省察思維

　　辨認出情緒後，還必須去思考其背後的原因與來源，黃博士提供了一個簡易的情緒 ABC 讓人去探究情緒：A 是指情境／事件，不帶情緒與思想地先描述某情境與事件的發生；B 是你對這一事件的思想與詮釋，這裡會帶出對事件的想法與原因；C 是對這個事件的個人感受／情緒／反應。情境不是直接當成情緒變動的主因，依據認知心理學，情緒背後通常是由某些既定的

想法造成的，情緒本身不容易改變，唯有我們可以釐清背後想法，以新的角度來看待情境，情緒才能改變。

4. 探索心理需求

要知道負面情緒來臨時，其背面都是未被滿足的需求，亦可讓我們自省這一需求到底是心裡深層的渴望還是一時之氣。思索了情緒的原因後，更要理解情緒須自我負責，因改變他人言行相當困難，唯有自己先理解自己並滿足自己的需求時，才能控管、疏導自身情緒。在每個情緒激起的自我防衛之下，其實滿滿的是希望被愛、尊重並具有價值的渴求。

5. 建設性的想法和行為

建設性的想法來自改變自己，不是以改變他人爲取向，他人不可控，能掌握的只有自己。唯有改變自我，才有機會「幫助」他人感到你的需求，並滿足你的需求。別強加自身的價值邏輯到他人身上，研究顯示愈想改變他人，他人的防衛機制愈強，特別在伴侶身上此現象更加顯著，讓對方知道你的改變是爲了兩人關係的前進，對方才有體會並協助你的可能。

以上五步驟循序漸進，可讓人對情緒進行覺察、標示與疏導，依照上述的核心步驟，具體在操作此活動時，運用的即是懇談傾聽的技巧，選定一位與你情緒事件無關的練習夥伴，並用懇談傾聽的四個句型加上最後一個建設性的想法與行爲，反覆操作後可使人對自身情緒更加能接受與理解，並找出疏導的方法。

負面情緒皆由衝突而來，衝突發生在人與人之間，特別是親密伴侶間更易爆發，日常累積的小事大事，一有星火便會燎原。故在完成自我情緒疏導後，就來到了如何修復與衝突者的關係，便是接下來**「關係修復十步驟」**課程的重點，也就是先處理自身心情再來處理事情。開始前，操作活動須注意一個重點，「情緒疏導五要訣」與「關係修復十步驟」的前者是疏導自身的情緒，可加上自己對於情境中情緒的想法，但後者是面對需要修復的對象，進行十步驟時，不要把自己情緒疏導過程中情緒背後的想法讓對方知

道。因為負面的思想如果讓對方接收到，易引起對方的防衛機制而造成不必要的爭吵。先自我疏導再去修復關係，不須把自我疏導中負面的思想拿到關係中處理。

婚姻教育中的夫妻互動：「關係修復十步驟」

「關係修復十步驟」是「戰後檢討」與「修復關係」的操作（（黃維仁，2019），在衝突當下要懂得暫停，情緒自我疏導後再與對方進行此一步驟，切記溝通時千萬不要加入自身對事件的評價或是負面思考，儘量以平和正面的方式來與對方溝通。具體的操作如下：

預備動作：與你想要修復關係的對象，用懇談者與傾聽者的角色設定，懇談者以「我現在想談一件與你有關的某事，現在適合嗎？」對方同意後，就開始對話。這是個很容易被忽略的步驟，但卻十分重要，因為我們經過情緒疏導後心情恢復平靜，但對方可能還沒能跳出當時的情緒狀態，此時冒然進行關係修復其實是無效的。

懇談者必得用誠懇、尊重、不指責的語氣，依照十步驟的方式表達心理的想法。傾聽者則須先自我安撫情緒，不打斷、不辯解地靜聽，並試著去感受對方的話語及其背後的情感。

準備妥當後，就以**懇談者**為主的十步驟加以解說：

1.「首先，我感謝／欣賞你……」

先用欣賞對方三個人格特質及感謝他所做的事來存款，可先讓對方的防衛機制下降，並願意傾聽。

2.描述事件的情境「當……」

客觀地描述事件的發生，不要加上自我的解釋與情緒，儘量想像自己是一台攝影機，只說出自己看到的畫面。

3. 以情感詞彙標明感受「我覺得……那感覺好像……」

若能運用言語圖像比喻更佳，例如我覺得自己像一條沉在大海中的船。

4.「我所需要的是……」

表達說明自己的心理需求。

5. 關係目標：「我希望我們倆的關係能……」

設下目標有助於雙方放下小事，專注前進。

6.「對於這件不愉快的事情，我也有責任，我為我……的部分而道歉。」

7.「我下次可改進的是……」

衝突通常不是單方面造成的，雖然我們常覺得對方錯得比較多，應該先來向我們道歉，但這樣的期待不容易恢復關係。如果我們能為自己一點點的錯負起責任，就可以幫對方更願意協助我們來恢復關係。

8.「我需要你幫助我或為我做的是……」

不以改變他人的方式，而是做出請求，為了關係的整全與安全，幫助他人了解你的需求。

9.「如果我們各自改進自己可以做得更好的部分，這能幫助我們倆……」

此處等於重提關係目標，提出實際改進的建議。具體的作法是我做到步驟七，你做到步驟八，我們就可以達到步驟五的關係目標。

10.「謝謝你傾聽、考慮我的請求和為我們的關係所做的努力。」

表達對對方的感謝。

在懇談者完成這十步驟的過程後，就輪到**傾聽者**「回應三步驟」：

1. 感謝

感謝對方願意用誠懇、尊重的語氣，提出問題與自身的感受，並思索可能的解決方法，而非拒絕溝通讓關係持續受損。

2. 共情

即是一種同理，表達傾聽者可站在對方立場去感受體會。

3. 請求原諒

為自己引發對方負面情緒來道歉，但不是為對方的情緒負責，每個人都需要為自己的情緒負責。同時，願意考量對方的請求。此處並非強迫傾聽者一定要做出承諾，只要是強求的都會帶來反效果，必須給傾聽者時間、空間去調適。

之後可將角色對調操作，讓雙方都能表達自身感受並提出建設性的看法，長此以往，關係不只能修復，更能增進雙方的親密感。

五要訣、十步驟參考範例1

上述簡要說明了五要訣、十步驟的操作方式，底下就提供一個與伴侶無關、一個與伴侶相關的操作案例，課程中帶領人會先給大家做個示範並請夫妻操練與學習：

1. 情緒疏導五要訣（與配偶無關）

(1)【情境】當……（描述事件、情境，客觀情境的描述，不加上描述情緒及主觀判斷的字眼）

前些日子一大早我到田邊的水池旁，正準備用馬達抽水灌溉，在接管之際，媽媽過來看到我接上水管時，就大聲對我重複的說「你接錯管了！不是這一條！那是別人家的！」的時候。

(2)【感受】我覺得……（標明情緒）

我覺得非常難過、錯愕，同時也感到很驚訝。

(3)【思想】我的想法是……（省察自己的思維）

我覺得難過（**感受**），是因為媽媽一口咬定我接錯了，沒有給我說明的機會（**思想**），我需要媽媽跟我好好對話（**需求**）。

我覺得錯愕（**感受**），是因為我從用馬達抽水灌溉以來，我確信每次

都是用這個接頭（別人家的接頭長得不一樣）接這個管子沒有錯（**思想**），我希望能被肯定（**需求**）。

我覺得驚訝（**感受**），是因為每次我回家去，早晚都是我主動要去完成這項工作，而且都能順利完成任務（**思想**），我希望能被信任（**需求**）。

那種感覺好像啞巴吃黃蓮，有苦說不出。（語言圖像）

(4)【需求】我所需要的是……（探索心理需求）

我所需要的是被肯定、被信任，可以好好對話。

(5)【建設性的想法／行動】藉著自己的改變，幫助他人成功地滿足我的需求、與我重建關係（這個部分可以成為 10 步驟的第 4-8 步驟，把思想變成需求）

①建設性的想法（換位思考、同理心等等）：

我建設性的想法是：

a. 媽媽從昨晚就有些身體疲累不舒服，工作又多，才會顯出有些不耐煩，她並非故意針對我。

b. 在家中我跟媽媽的關係一直很好，我很珍惜和媽媽工作相處的時間，我不要因這話語的小事影響了我們的關係。

c. 這一定是要我練習高難度情緒疏導的大好機會。

②建設性的行動（如何做可以幫助他人成功地滿足我的需求、與我重建關係）：

我的建設性行動是當下就想到要做情緒自我疏導，並且就在田埂上完成了這五步驟。之後我決定用我和媽媽慣用的呼叫密語，在回應之間我確定了我們的關係不受到波折。

2.關係修復十步驟

(1)存款：感謝／欣賞

媽媽我很謝謝您很疼愛我和太太，還有二個孫子；每次回家去您總是

會準備眾多好吃的食物，還讓我們帶回許多您特別預備的農產品及特別採購的海鮮；我很欣賞您努力不懈地從事農務，您說人不怠惰，辛勤在地裡種地，自然會有收成。我很欣賞您勤儉持家的特質，您從不浪費任何食物，總是感恩接受食物的口味原貌；我很欣賞您堅毅不撓、忍耐不曲的韌性，從以前早出晚歸出外抓海瓜子，或是颱風大雨，您總是眷顧田裡的作物；特別是您去年接連二次換人工關節的手術，您能忍受異於常人所可承擔的痛，每次看診從您和別人的對話中我可以感受得到。

(2) 描述事件：當……

媽媽，當那天我在接管抽水馬達時，您過來看到我接上了水管，卻大聲吆喝我說：「你接錯管了！不是這一條！那是別人家的！」的時候。

(3) 標明感受：我覺得……那感覺好像……

我覺得很難過、錯愕，同時也感到很驚訝。那種感覺好像啞巴吃黃蓮，有苦說不出。

(4) 表達需要：我所需要的是……

我所需要的是被肯定、被信任，可以好好對話。

(5) 關係目標：我希望我們的關係……

在家中我跟您的關係一直都是很好的，我很珍惜和媽媽一起工作相處的時間，我希望我們常常維持互相疼惜的關係，不忍多說一句傷了對方的話，您可常在我的心上，您也把我放在心上。就像每次快到家前半小時，我大概都能準確預測，此時是您會打電話來的時刻。

(6) 道歉：我要道歉的是……

媽媽，我要向您道歉的是，這件事上我也有錯，當您堅定說我接錯管的時候，我心中暗想並堅決認為我做得沒錯，沒有及時再多聽您的看法和善意的提醒。

(7) 自我改進：我下次可以改進的是……

我下次可以改進的是，當您再提醒相關農作的時候，肯定有一些資訊

或事件是我所不知道的，畢竟您才是長期照管的人，您會比任何人都瞭若指掌。

(8)請求幫助：我需要你幫助／為我做的是……

我需要您幫助我的是，下次若有新的技術或鄰居來協助更新設備，可以先告知我一下，好讓我有心理準備，才不會用我過去的經驗來判斷和操作。我也需要您幫助我的是，若我有做錯的時候，先不要太快太大聲對我說話。

(9)回應關係目標：如果……我們的關係……

如果我可以尊重你對農務的主導權，而您可以主動提供一些背景資訊的更新，也不要太快大聲對我說話，我們的關係一定會很好的維持下去，和您一起農務工作也會很愉快。

(10) 感謝

最後，我要感謝媽媽耐心聽了我所說的話。也謝謝考慮我剛剛提出的請求。

五要訣、十步驟參考範例2

1.情緒疏導五要訣（與配偶有關）

• 情境／事件

當父親邀約我們三兄妹全家在母親二十週年忌日要到墓前致意，我們兄弟姐妹商量出一個三個家庭都比較可能出席的時間，我邀請你同行時，你直接表達因為當天是桌球比賽不能前往，還要我向家人表達不能出席的歉意時，我逕自回答：「我都不知道怎麼開口告訴他們你不能出席的理由。」

• 感受＆思想

我覺得不平（感受），大部分假日我都是陪著你回你的原生家庭，我原生家庭的聚會本來就已經很少了，你卻拒絕，我們之間的關係沒有對等（思想），我需要被公平對待（需求）。

我覺得錯愕（**感受**），桌球比賽不過是娛樂，它的重要性怎麼能和媽媽二十週年忌日相提並論（**思想**），我希望能被看重（**需求**）。

我覺得生氣（**感受**），是因為你分不清輕重緩急（**思想**），我希望能被珍惜，在你心中可以排在比較高的優先次序（**需求**）。

那感覺好像小時候哥哥、弟弟的班上常有校外教學，我們班上都沒有，好不容易老師安排了一次校外教學，我正興高采烈地準備校外教學的零食時，媽媽突然說那天家裡有客人要我留下來幫忙，不准我參加。（**語言圖像**）

- 我的需求

被公平對待、被看重、被珍惜。

- 我建設性的想法

(1) 你這次比賽可能非常重要，所以你會有這樣的回應。

(2) 你平常對我娘家的活動都是很積極參與，這次會有如此突兀的回應，應該是有什麼特殊的考慮，你不是故意不看重我娘家的活動。

(3) 我在約定時間時，沒有事先詢問你時間的彈性；而且當你拒絕時我馬上用高聲不滿的語氣來反應，可能已經造成你的傷害。

- 我建設性的行動

等我心情平靜點時，再約個時間和你針對這件事，把來龍去脈弄清楚。

2.關係修復十步驟（與配偶有關）

邀請：我想跟你談談關於媽媽二十週年忌日的那件事，請問現在是合適的時機嗎？

(1) 首先，我感謝你……欣賞你……

謝謝你的體貼，最近我們工作比較忙，你都會對我噓寒問暖怕我累壞了。而且即使你回來很累，還是樂意替我們全家煮健康的蔬菜鍋作為翌日的午餐。

(2) 當⋯⋯（以客觀角度描述情境）

當父親邀約兄妹全家在母親二十週年忌日要到墓前致意，我們兄弟姐妹商量出一個三個家庭都比較可能出席的時間，我邀請你同行時，你直接表達因爲當天是桌球比賽不能前往，並且請我向家人表達不能出席的歉意時，我逕自高聲回答：「我都不知道怎麼開口告訴他們你不能出席的理由。」

(3) 我覺得⋯⋯那感覺好像⋯⋯（以情感字彙或語言圖像表達）

我覺得不平、錯愕、生氣，那感覺好像小時候哥哥、弟弟的班上常有校外教學，我們班上都沒有，好不容易老師安排了一次校外教學，我正興高采烈地準備校外教學的零食時，媽媽突然說那天家裡有客人要我留下來幫忙，不准我參加。

(4) 我所需要的是⋯⋯

我需要被看重，排在比較高的優先次序、被公平對待。

(5) 我希望我們倆的關係能⋯⋯（關係目標）

我們的關係是平等和諧的，對雙方的原生家庭都有平等的照顧，也都能維繫良好的關係。

(6) 這件不愉快的事件我也有些責任，我爲我⋯⋯的部分而道歉。（爲了幫對方做得更好，我們仍可爲了自己的態度、反應、無意的傷害道歉）

在與娘家弟兄確認時間的當下，沒有先徵詢你的意見。我可以想像當我告訴你「我都不知道怎麼開口告訴他們你不能出席的理由」時，這句話讓你很受傷，彷彿做了什麼見不得人的事似的，我很抱歉，請你原諒。

(7) 我下次可以改進的是⋯⋯

下次我在約定時間時，會優先詢問你，考慮你時間的彈性；以後我有負面情緒的時候，儘量先暫停，自己去疏導情緒，不是一下子衝動反應，說那種出口傷人的話。

(8) 我需要你幫助我或爲我做的是⋯⋯

我需要你幫助我的是，當我因爲沒有徵詢你意見就確定了時間，你可以告訴我你的心情，讓我有向你道歉的機會；你能考慮把我的重大需求放在更優先的位置，我們也可以來討論看看如何雙贏，總之是讓我們可以一起努力。

(9) 如果我們各自改進自己可以做得更好的部分，這能幫助我們倆⋯⋯

下次我在約定時間時，會優先詢問你，考慮你時間的彈性，我有負面情緒的時候，儘量先暫停；當我因爲沒有徵詢你意見就確定了時間時，你可以告訴我你的心情，讓我有向你道歉的機會；你能考慮把我的重大需求放在更優先的位置，我們也可以來討論看看如何雙贏，總之是讓我們可以一起努力。這樣我們的關係就可以是平等和諧的，對雙方的原生家庭都有平等的照顧，也都能維繫良好的關係。

謝謝你傾聽、考慮我的請求，和爲我們的關係所做的努力。

若能在衝突過後完整地操練五要訣、十步驟，相信兩人的關係就可以得到相當的保護，不輕易因事件而有所損傷。

四、尋求雙贏、饒恕與愛的行動

尋求雙贏

從情緒自我疏導到關係修復，已具備妥善解決關係中微小衝突的基本能力，然而很多時候，衝突的來源是夫妻雙方根本的需求差異過大，此時就需要運用合力尋求雙贏的方法。例如夫妻要不要生小孩，要不要與公婆同住等。當然這些根本問題無法在短期間就獲得解決，但持續用尋求雙贏的方法來面對問題，會讓彼此覺得深深地被尊重與了解，對於關係還是很有幫助的。

據 John Gottaman 博士的研究，婚姻關係中大約有 69% 的問題是無法可解的，所以接納與傾聽對方的感受，然後去理解對方的深層需求，並試著持

續愛的存款，如此反覆，終能讓關係中無解的部分得到轉化與改善。

是故要求雙贏，必得先察覺自己與對方的立場，並試著去理解兩人在衝突中各自需要被滿足的訴求爲何，這也是製造雙贏的第一步驟：**覺察表面立場**。

那麼要如何去探索雙方立場背後，那些需要被滿足的深層需求呢？黃博士提供了一個操作方式，就是雙方可以輪流扮演記者，透過懇談傾聽的技巧去探索對方的需要。傾聽的人不斷重複懇談者的語意，直到懇談者覺得被理解到 95% 以上爲止，之後再交換角色。這是**第二步驟：探索深層需求**。

懇談傾聽過後，兩人肩並肩坐，並一同思考雙方提出的需求，再腦力激盪討論哪些是雙方都可接受的，全力尋求雙贏。此爲**第三步驟：合力尋求雙贏**。

當我們可珍惜彼此的感受時，愛就會不斷出現，並支持彼此的夢想。底下是雙贏操作的範例，請參考：

雙贏範例

- 情境

潘老師約莫八、九年前開始認眞地打桌球，先是利用平日上課課餘時間，後來到穩定一週兩個晚上打球，再來連週末下午都投入。由於他當時已經接任行政職，工作平時非常繁忙，雖然我們共用研究室，但大部分時間他都是在行政辦公室辦公，能見著面的機會愈來愈少。我開始有些微詞，覺得他打球剝奪了夫妻相處的時間。

第一個步驟，覺察表面立場：

潘老師的需求：一週打四天的球。

我的需求：想要有更多時間相處。

第二個步驟，探索深層需求：

潘老師的深層需求：行政工作帶來很大壓力，打球是他抒解壓力的重要

管道，否則很可能會有工作壓力外溢到家庭生活的情況。

　　我的深層需求：需要高品質的相處時間，而且看他運動後精力充沛，我也需要運動來調劑身心。

　　第三個步驟，合力尋求雙贏：

　　我去報名女性運動俱樂部，開始穩定規律地運動。潘老師有空時，就會接送我去運動，在車上我們有精心時刻，而且他看到我運動後氣色很好也非常開心。

　　剛開始練習尋求雙贏時，建議先選容易解決的問題著手，例如生日去哪裡用餐、年終獎金怎麼使用等。先不要處理過於重大的問題，例如買房或租屋。先熟練這個技巧，並累積成功的經驗，以後處理重大問題就能慢慢駕輕就熟。

饒恕

　　所謂饒恕是指在受傷時，拋棄傷害對方的權利。高品質的親密關係需要經過誤解、傷害、饒恕和修復才能建立起來。單方面地去「**饒恕**」對方的某些傷害行為，放棄報復的心態與行為，這樣可幫助自我離開仇恨跟痛苦的牢獄，讓自身的心靈獲得提升與成長，不用陷溺在對方的錯誤中無法自拔。解決傷害和憤怒的最好方式，其實即是學著去饒恕，饒恕並非忘記傷痛，而是讓自己在苦恨之處重新站起前行的最佳解藥。在親密關係中有些衝突會對伴侶烙下重大的傷痕，若關係仍有前行的可能，學著去饒恕將是昇華關係的重要關鍵。一段好的關係並非無風無雨，而是在風雨過後兩人仍能牽手迎向晴日。

　　在親密之旅中，將「饒恕」視為重要課題，會將放入課程並設下具體的操作方式，總共有六個問題：

　　第一個問題：

　　對伴侶你最欣賞以及所愛的特質為何？

第二個問題：

你與伴侶度過的時光中，你最喜歡、珍惜與懷念的片段是？

第三個問題：

你有沒有哪些事是想感謝對方的？

第四個問題：

有哪些事是你感到後悔，想請對方饒恕的？

在此問題之下，懇談者可用三個要素來嘗試：(1) 承擔責任，承認自己的錯誤，並請求原諒；(2) 設身處地，站在對方立場，體會對方的感受；(3) 行動改進，說明改進與努力的方向。最後傾聽者請回應「謝謝你給我這份禮物。」

第五個問題：

還有哪些正面的話語，若沒機會對對方說，會感到相當遺憾與後悔的？

第六個問題：

你對對方的祝福與鼓勵是什麼？

底下用共同帶領人實際的案例來示範一次：

饒恕的範例 —— 生日餐會

• 欣賞

首先我欣賞你總是很主動地參與家務，無論洗衣、打掃、倒垃圾，特別是你會有很多改變家中陳設的想法，而且立即付諸實行，最近就看到把臥房的書桌轉了向，創造出全新感受。

• 共度時光

我們兩人共度了很多美好的時光，無論是在德國或臺灣。最近讓我感受很深的是過去這三個月我們連續帶了幾梯的夫妻成長營，這種可以一起上課的感覺真的很享受，在課程的進行過程中我們搭配得宜，感受到默契十

足。這種兩天一夜的課程也讓我們關係重新得到力量，尤其是看到許多夫妻在課程結束後，特別過來向我們致謝，透過課程他們找到了經營婚姻新的方向；也有不少夫妻指出他們因爲不曾看過美好的夫妻相處背影，對婚姻充滿了不安，我們的婚姻帶給了他們信心與希望。

• 感激

謝謝你對我的肯定，我是個對於整理家務超級愚拙的人，每每想到主婦又叫 HOUSEKEEPER，就感到無比沮喪；當那天你堅定的告訴我，我是個很棒的 FAMILYKEEPER，或許家務不是我的擅長，但是家人關係經營得很好，無論是我們的小家庭、各自的原生家庭都是。

• 請求饒恕

星期天是你生日，我們全家好不容易可以聚在一起，因弟弟目前在南部當兵，已兩個多星期沒有回家了，加上大家早餐吃得晚，我們就一起去吃下午茶。一家人約莫 3 點到了餐廳，弟弟要搭 5 點 50 分的高鐵回南部，4 點半我覺得大家都吃得差不多了，就提醒你要不要現在走，才不會讓弟弟那麼趕。你說弟弟不會趕，如果趕的話也是你在趕，看到弟弟莞爾一笑，就知道他對你信心十足。我們吃到 5 點多才離開，果然高速公路很塞，我提心吊膽，後來你選擇繞遠路，再走快速道路，雖然最後還是趕上了，但只要差一、二個紅綠燈的時間就會誤點。一路上我幾度埋怨：「早就告訴你不要弄得這麼趕。」

(1) 這件事我沒有做好，沒有看見你當時已經很專注地想辦法找最快速抵達的路，還在一旁數落，而且那天是你生日，你也只是想多點跟孩子相處的時間，請你原諒。

(2) 我可以想像，你聽到這樣的話會覺得委屈、不被支持。

(3) 以後我願意努力在說話的時候，能多停一下，看看你的處境，再決定怎麼說話。

• 正面的話

我真的很愛你，以你爲榮，看你在工作上的投入、在打桌球的學習，不

管做什麼你都很認真，而且享受在其中。你在任何崗位上，都不只是想蕭規曹隨，不求有功但求無過，而是恰恰相反，你會不斷思考如何突破現況開拓新局，因此你也一直是長官心目中主管的口袋名單。

• 祝福

這些年你投入了很多服務學習，在不同的場域累積了許多寶貴的經驗，去年得到「臺灣服務學習學會」推薦的中華民國教育學術團體「木鐸獎」的榮譽，今年又在專業領域上被「中華民國家庭教育學會」肯定，再次獲得「木鐸獎」。無論是在服務學習領域或是家庭教育專業領域，你的經驗與知識都十分值得分享成為別人的參考借鏡，我祝福你今年能順利將你腦中寶貴的實戰經驗形之於文字，造福更多有志於服務學習發展與家庭教育推廣的教師與學生。

愛的行動

愛的行動是用愛的存款加強版，去累積雙方的愛情資產，增加關係的熱度、強度與持久度。愛的行動分成兩部分：一是「**恩情儀式**」，即是在伴侶之間特別會做的事，有可以預測、須彼此配合、行為具有情感上的意義三個特點，例如早晨的微笑擁抱、問安的電話、詢問對方的需求、表達感激之意等；二是 Gottaman 提及的「**珍珠時刻**」，強調可以蒐集伴侶之間溫馨、浪漫與愛的時刻之物品，例如禮物、照片、明信片等，特別去記憶這些如珍珠般在關係中閃亮的片刻，無論在何時都可以想起對方的好與愛。

親密之旅課程內容相當豐富，這裡的介紹只是依帶領夫妻成長課程之實作，大致將內容整理區分為四大部分，並以六大工具為核心，用筆者與學生共同操作的活動做範例介紹。若真要體會其中奧妙，筆者強烈建議讀者參加「國際親密之旅」舉辦的「親密之旅初階培訓課程」，並且確實按部就班去帶領小組，唯有教學相長才能對該課程有更深入的體會，讓「親密之旅」成為成己達人的好工具。

第三節 學員的回饋與學生的記錄與反思

一、參與夫妻學員的回饋

1. 謝謝老師教導我們許多溝通技巧，讓我們受益良多。
2. 非常棒，感情加溫，夫妻真的需要保養、共同學習、成長。
3. 夫妻之間能坦誠正向表達自己的情緒與感受，這兩天學習使得對方更願意主動表達感受與想法。
4. 很棒的營會，收穫滿滿！夫妻情感更親密！
5. 很有收穫，確實有改善夫妻關係！饒恕的課程步驟很有安全感也很有效。
6. 自己結婚 20 幾年以為沒什麼問題，上完課才知道自己有很多的不足，透過課程的傳授及上課時的氛圍，我們可以互相替對方解惑及避開對方的紅線。
7. 個人參加此次親密之旅，收穫匪淺，有助於日後家庭和諧與增進夫妻親密關係，非常感謝承辦單位。國人現今離婚率居高不下，若政府重視加以推廣至社會各角落，包含大學或專科院校，定能減少家庭及社會問題，萬望大家一起努力，為國家社稷盡份心力。
8. 讓婚姻關係更緊密更協調，更加了解情緒疏導、關係修復和饒恕的要訣和步驟。
9. 謝謝親密之旅夫妻成長營工作坊的同仁，精心籌劃這次的活動，讓參與者收穫滿滿。

二、學生的記錄與反思

　　以下是研究生參與親密之旅營隊，在一旁的紀錄以及對於課程內容的反思，筆者挑選較完整且詳細之例子各兩個，放置在最後，作為服務學習的回饋表現。

記錄

A 同學活動紀錄表

單元名稱	和諧的兩性關係	活動地點	HE304
帶領者	潘榮吉、柯良宜老師夫妻		
記錄者	B 組		
被觀察者代號	全體（H4W4 請假） H：表示先生；W：表示太太		

一、成員個別狀況（參與情形、影響或改變、特殊需要……等，列舉觀察到者）

W1H1

1. 拍照時，相互摟腰，並且比愛心。

2. 在互相寫特質時有交談。

3. 雙手握住對方的手，W1 先開口說話，H1 接著說，說完相互擁抱（感覺比較嚴肅）。

4. H1 一直說他的想法，W1 傾聽，W1H1 皆認為吵架多寡不一定會導致離婚。

5. W1H1 相互覺得彼此屬於不同類型的人。

6. H1 感覺有點累，有稍微打盹，但還是一直想辦法打起精神。

7. 一起討論時，W1 會講解並且翻書給 H1 聽，過程中有微笑，H1 感覺比較嚴肅並且說出他的想法，W1 也會跟著說出想法。

8. 最後手牽手結束此課程。

※ W1 和 W2H2 會一起討論事情。

W2H2

1. 拍照時，相互搭肩。

2. 雙手握住對方的手，W2 先說並有流淚，後來兩人並肩坐並且雙手握住對方，W2 有時會搭 H2 的肩膀，雙方時常相互討論。

3. W2H2 皆認為吵架多寡不一定會導致離婚。

4. W2H2 相互覺得彼此屬於不同類型的人。

5. 認為雙方特質部分相同，部分不同。相同點都愛大自然、愛家等；不同點例如：W2 人際關係處理較佳，H1 由於原生家庭之故，較封閉內向。

6. W2H2 坐姿很相似。

7. W2 一直捏肩膀，似乎有點疲累。

8. 一起討論時，會微笑一起討論。

9. 擠牙膏事件，H2 本來很生氣（受原生家庭影響），後來覺得是認知不同，所

以也尊重對方的想法。W2 會主動放下身段溝通，可能跟原生家庭有關（父比母大 10 歲），說出自己的想法。

10. 最後一手相牽，另一手抱著對方結束此課程。

W3H3

1. 拍照時，相互摟腰。

2. 有時相互握手，有時放開，然後翻一下書再一起討論。

3. H3 認為吵架愈多愈容易離婚，W3 認為吵架多寡不一定會導致離婚。

4. 互相覺得彼此屬於不同類型。

5. 討論時，W3 話比較多，雙方會微笑討論，W3 會偶而碰觸 H3 的肩膀。

6. 最後牽手、擁抱結束此課程。

W7H7

討論時，相互感動流淚，W7 會捏 H7 的臉頰表示親密。

W5H5

舉手示範夫妻間如何面對衝突時的姿勢，雙方都為指責型，W5 是機關槍，H5 是水槍，所以 H5 會變為討好型或避重就輕型。W5 認為衝突要當下解決，H5 認為要隔天再說，冷靜點。

W6H6

H6 會先用溝通的，溝通不行就會變電腦型，然後變指責型，再抱著 W6 說原因；W6 是討好型，不行就會變指責型，然後哭，H6 抱她安撫她再好好說。

W8H8

1. 結婚已 11 年。

2. 是太太邀請先生來的。

3. 這次先生竟然願意來參加，讓太太既感動又歡喜（因為以前先生都不願意參加此種活動，先生都覺得不需要）。

4. 先生覺得婚姻中最大的收穫是學會包容。

W9H9

1. 結婚已 23 年，育有一男一女（大女兒大三、兒子大一）。

2. 先生形容太太善解人意、體貼入微、十八般武藝精通。

3. 太太說理性的人在一起會很幸福，很放心把自己交給先生栽培，也感謝先生支持自己學了很多東西。

W10H10

1. 結婚已 14 年，兩個小孩（15 歲、8 歲）。

2. 先生覺得自己常出國出差，家裡都交給太太，自己比較忽略家裡。

3. 太太覺得自己在家中扮演「串場」的角色，擔任把家裡親密感情找回來的任務。

4. W10 認為 H10 頭腦清晰，W10 會先聽，然後冷靜，屬於避重就輕型，把所有 H10 說過的全部記住；聽 W10 說話時，H10 會賠不是，認為夫妻沒有隔夜仇，所以很快就會化解衝突。

二、討論最受不了對方什麼事情，分成男女各兩組討論（討論很熱烈，跟夫妻兩人在存款活動時有很大的不同）

◎討論結果

W3 代表說明：

1. 男人不擅長言語表達情感，女人會猜測。
2. 女人看事情比較深遠，男人比較一意孤行。
3. 教養方面，男人著重現實面，女人想的比較深遠。
4. 男人比較自我，忘了婚後需要盡一些該盡的責任，例如：家務分工。

W10 代表說明：

1. 男人不愛表達自己的情感。
2. 男人比較理性。
3. 男人比較被動。
4. 男人大男人主義。
5. 男人會在不適當的時機有不當的碰觸。
6. 男人衛生較不好。

H1 代表說明：

1. 女人心海底針，都不說清楚到底想要什麼，男人只能猜，但會猜錯。
2. 有時早有主見，還要問男人意見，當男人說出意見時就推翻。
3. 衣服、鞋子永遠不嫌多。
4. 梳妝打扮、洗澡時間花太久，會浪費太多水。

H6 代表說明：

1. 逛街逛太久，男人買東西前會先查好，快速地買好；而女人喜歡全逛，比較哪間便宜再去買。
2. 愛碎碎念。
3. 抱怨，例如：抱怨老公把工作帶回家做。
4. 照顧小孩定義不同，男人覺得一邊打電腦一邊顧小孩 OK，女人會覺得這哪是顧小孩，明明是在上網玩電腦。

三、觀察心得反思

　　剛進去團體時，讓我又開心又興奮，心裡在想會發生什麼事情呢？而我可以從中觀察到什麼特別的事情或舉動呢？雖然是上午的第一堂課，可是從夫妻們開場的自我介紹，就可以感覺出這次參加的夫妻對此課程參與度滿高的，分享也很

開放、幽默，大多夫妻在自我介紹時也都分享滿多的。

當中有幾對似乎是之前已參加過潘老師的課程（W1H1、W9H9）；有些夫妻是第一次參加（W2H2 是 W1 邀請來的）；而有些是太太邀請先生第一次參加的（W8H8），可以從 W8 的分享中，感覺出太太對先生能願意參加這樣的活動，感到很欣喜感動。

在愛的存款時，W2H2 讓我印象深刻，因為當 W2 在說時，頻頻拭淚，而 H2 的反應是雙眼溫柔的看著 W2，雙手緊握著 W2，後來 H2 主動移動位子，W1 也跟著移動，兩人並肩坐並且雙手握住對方，W2 有時會搭 H2 的肩膀，雙方時常相互討論。當我看到這個過程時，驚訝又感動，因為我沒想到互相說出對對方的感謝，影響是這麼的大。看到夫妻雙方真情流露真的讓我很感動，看到夫妻間微妙的互動默契，真的讓我覺得他們真是幸福。

而 W1H1 在過程中，雖然不像 W2H2 反應那麼的明顯，但我還是看到一些些的不同，W1 感覺比較小女人，幾乎都先聽完 H1 所說的，再給予回應；而 H1 比起其他丈夫感覺話比較多，比較會表達自己的意見。感覺他們是屬於互補型的夫妻，一方先說完自己的想法，另一方再說出自己的想法，當意見不同時，就會提出來討論，而我感覺 H1 似乎會說服 W1，而 W1 就會妥協的感覺。

讓我感覺很特別，會讓我想到就像諺語所說一個願打一個願挨，兩人相遇恰恰好的感覺。而在看影片時，H1 似乎有點累所以有點打盹，但我可以感覺到，他一直在努力讓自己清醒不要錯過任何精彩的內容。

W3H3 這對夫妻感覺比較內向，但從他們對話的狀態以及一些小動作中感覺出他們的甜蜜。在討論時 W3 微笑且會去搭 H3 的肩膀，而 H3 會微笑看著 W3。從這些小動作中，就可以感覺出他們的互動良好，而且從小動作中可以感覺這就是屬於他們夫妻倆表示甜蜜的舉動。

而離我較近的夫妻 W7H7 以及 W8H8 也讓我印象深刻，因為他們是很對比的兩對夫妻。W7H7 感覺是屬於比較感性的夫妻，互相說感謝的話時，雙方都感動到眼眶泛紅以及流淚；而 W8H8 感覺上是屬於比較理智型的夫妻，因為 H8 感覺好嚴肅也比較不會跟 W8 互動，而 W8 感覺得出來很積極努力的參與活動，也希望 H8 可以一起參與的感覺。雖然在這短短三個小時中，我看不出 W8H8 有什麼太大的改變，但也許改變是很細微且不易發覺的，期許這對夫妻在經歷這樣的團體後，相處會更融洽圓滿。

而在分享夫妻雙方面對衝突時是屬於怎樣的姿態？W1H1、W2H2、W3H3 都沒有主動分享，這是我覺得比較可惜的地方。因為我覺得藉由分享也許可以感受到雙方的差異點以及相似點，更加清楚讓對方知道在對方眼裡的自己是不是跟自己心中的自己是相似的，發現不相同時，可以檢視自己或是與另一半討論為什麼會有不同的感覺？也許是因為接受到的訊息是不一樣的，所以感受也會不一樣。

B 同學活動紀錄表

單元名稱	和諧的兩性關係	活動地點	HE304
帶領者	潘榮吉 & 柯良宜老師夫妻		
記錄者	A 組		
被觀察者代號	全體（H4W4 請假） H：表示先生；W：表示太太		

一、成員個別狀況（參與情形、影響或改變、特殊需要……等，列舉觀察到者）

　　活動約 9：25 開始，出席的夫妻有 H1W1、H2W2、H5W5、H6W6、H7W7、H8W8、H9W9、H10W10，由潘老師帶領著夫妻一起回溯上週上課（存款）的部分（H3W3 此時進入場內）。

　　帶領人詢問大家上週愛的存款如何了？並邀請H1發言，開啟了一開始的活動。

　　H1：上週我存了太多，現在無話可說。（笑出聲音，大家都笑了！）

◎**活動一：愛的存款**

1. 老師邀請夫妻們面對面相互分享 2 分鐘

　　H6W6

　　雙眼凝視對方，可以相互傾聽，態度真誠，雙方都有表達，且有手牽著手，分享完後，提早結束。

　　H7W7

　　兩人相互分享時，表情有笑容，互相凝視對方，動作親暱，且分享完之後，兩人擁抱且頭靠著頭。

※ 時間鈴響。

2. 老師邀請夫妻們分享上週存款的感覺

　　H6

　　下週一要到新的公司上班，之前的存款應該是負債吧！所以上個禮拜我們有去東部玩了三天，不是刻意的，是原本就安排的，太太跟我對於出去玩這件事常會衝突，因為我想要的是去放輕鬆，是一種休閒的感覺，而太太是要很充實的，所以我們之前都是很開心的出門，然後玩的過程就會發生衝突，所以這次去花東玩的時候，我有想到要努力存款，所以我察覺到太太很想參與海豚共游的活動，就刻意去滿足跟回應太太的要求，所以雖然金錢損失不少，愛的存款應該有增加不少。（H6 在分享的時候，太太一直微笑看著 H6，H6 提到「金錢損失不少，愛的存款應該有增加不少」時，W6 大笑。）

　　W6

　　非常感激 H6 的存款，我們睡前有聊天的習慣，所以上禮拜上完課，我們有說

好要彼此寫下「希望對方做什麼的字條」，後來因為忙碌，就一直還沒分享這一塊，之後希望可以繼續進行，真的很感謝 H6 這麼努力地存款。（H6 微笑，W6 講的時候也是微笑。）

H7

上完課之後，我覺得對孩子比較沒有那麼生氣，以前對孩子的生氣可能會有 7-8 分，現在大概 3-4 分，而且也覺得上完課之後，跟太太親密度有增加，對孩子看不順眼的部分也從 5 分降到 2-3 分，有時候也會覺得孩子蠻可愛的，昨天晚上趁孩子睡覺，我跟太太兩個人到家樂福逛街到凌晨一點，享受兩人時光其實也很好！（W7 微笑看著 H7，並點頭。）

W7

我覺得上完課之後，我們兩個人看彼此的眼光變溫柔了，上禮拜某一天回來，看到先生把中餐準備好，之前如果看到先生準備中餐會感到罪惡感，但那天看到的時候是很開心的。之前參與團體是因為要找回親密感跟愛，先生是被勉強過來的，而上次上完課後，跟先生討論，先生也感到很開心，也很謝謝我帶他過來參與團體。（H7 微笑看著帶領者。）

※其他組夫妻分享完課程，帶領人回饋存款的重要性，以及很高興看到這樣的觀念對大家的幫忙及聽到大家的分享。

◎**活動二：夫妻想像對方希望我們做的事及自己希望對方做的事**

1. 帶領人邀請夫妻們分成男性兩組、女性兩組

   帶領人：上週我們有討論異性帶給我們最大的困擾，這週我們分組討論另外兩個主題：首先請大家想一想，幫對方做什麼事，會讓對方有愛的感覺；第二，同時也想到需要對方做什麼自己會感到滿足。

   (1) 男生組及女生組分開討論需求時顯得開心，W6&W7 此組的女生更發出很大的笑聲，H6&H7 此組的男生互動表情也都有笑容。

   討論結束後，H1&H6 代表男生組發言；W3&W10 代表女生組發言。

   (2) 老師將其討論記錄在黑板上（如附表一），並請雙方回饋彼此所提的部分是否有不足或不要的。

   過程中，當 H1 代表男性組發言男性幫女性做什麼事會讓對方有愛的感覺，發表完時，W10 代表的女性組有發出笑聲，並說「代表男性都知道，只是做與不做。」並強調「主動」積極參與孩子的教養與照顧中，主動的重要性，此時帶領人將 主動 兩個字加黑加框，而女性組講完女性幫男性做什麼男性會感到愛的感覺時，H1 代表的男性組則表達「女性比男性還要了解男性的需要。」（此時團體氣氛活潑而且愉快！）

2. 帶領人結束上述的分享活動後，接下來表示要再放一段影片給大家看，大家可以停留在原來的位置

※10：40am 看完教學影片後繼續團體討論（同上個分組討論時的座位圖），此時團體氣氛沉靜下來，大家討論的聲量變小，且表情較前嚴肅，且多著重於男女性對於問題認知差異及看到的問題解決流程。做分享時，學員們皆能明確說出討論結果，答案多元深入；男女兩方回應互動自然和諧。

W10 代表的女性組

(1) 看到電影裡兩個人都不願意退讓。

(2) 認為對方都知道我的習慣。

(3) 後來的吵架演變成為一種翻舊帳。

(4) 都沒有為對方著想。

W3 代表的女性組

(1) 女性期待男性可以主動去做。

(2) 做了就不要嫌，「歡喜做，甘願受。」

(3) 不喜歡對方用應付的態度去做。

(4) 聆聽對方的感受。

H1 代表的男性組

(1) 發生問題就要針對問題去解決。

(2) 多溝通，不要只是應付的態度去滿足對方的需求。

(3) 彼此不了解差異，女性不了解男性的壓力，打電動對男性而言是一種抒壓方式，對女性而言卻是一種低能遊戲。

(4) 價值觀不同。

(5) 兩邊的個性太衝。

H6 代表的男性組

(1) 女性需要男性積極主動。

(2) 雙方都沒站在對方的立場想，也許可以一起打電動再一起洗碗（大家笑了）。

(3) 長期累積的溝通不良（平時沒有存款）。

(4) 男性敏感度不夠，未察覺女性的情緒滿了。

(5) 男女性對於事物的優先順序與重要性不同。

※而後帶領人提醒大家注意彼此的用詞，並繼續帶領成員觀看黃維仁博士給男性與女性的建議影片（內容概述如下）。

　(1) 男女性重視焦點的差異：

　　① 男性重視的是事業，強調 self-definition，重視上與下的關係（如將領與

士兵），擔心自己沒有成就，也會因為沒有成就而感到羞恥。

② 女性重視的是情感，強調 relationship，重視平等，擔心落單、被拋棄、失去關愛。

(2) 男女遭遇挫折處理方式的差異：

① 男性遇到挫折的時候多希望一個人單獨地減壓及思考，而對於女性的抱怨，男性希望可以幫忙解決問題，基本上男性怕被批評，希望可以被無條件地愛與接納。

② 女性抱怨的時候希望可以被傾聽且被了解，而非問題解決，所以當男性聽到女性抱怨的時候只要擁抱，讓女性感受到被了解及疼惜的感受，基本上女性希望可以在愛人的心中居首位。

※團體結束後，帶領人要求成員給自己靜下來一分鐘，去思考看到這麼多的分享，覺得自己可以改變的 1-2 點。成員沉默低頭思考，之後帶領人宣布先休息一下再回來團體。

二、觀察心得反思

　　觀察夫妻成長團體是我第一次的初體驗。觀察時最印象深刻的是 H1。因為不論是個人的發言機會，或是團體分組時的發言機會，他都能夠幽默風趣地回答。雖然在一開始，我觀察到他似乎有點不自在，一邊分心注意著研究生的反應。但我選擇以微笑及真誠善意的眼神回應化解尷尬，而他也漸漸不再觀察研究生反應，愈來愈融入課程！

　　觀察過程裡，我發現自己不由自主地融入情境，想要也成為其中的一對夫妻，一同學習，一起分享。不過，我也不忘提醒自己研究生的職責，除了觀察記錄，身為主人的研究生們，讓夫妻們感受到熱忱與溫暖了嗎？我們能不能讓身為客人的夫妻們感受到輕鬆並能夠卸下心防，澈底融入課程？

　　此外，會期盼自己好好學習所有夫妻分享的對話。當先生為了親愛的另一半，卸下男主人的面具出席活動，坦承真實的對話，那份愛讓我非常感動。家庭的力量，有時候不是推力就是吸力。成長團體的夫妻們為了家庭，共創吸力，讓愛，不再難以展現。

　　我思考著活動的情境、觀察的狀況，學習到夫妻間的互動時，也進而省思自己的課題，身為妻子的我，角色是否稱職？

附表一（此時的團體氣氛活潑且愉快）

女	男→女	女→男	男
＊女性此時補充代表男性都知道，只是做與不做。 1. 關心妻子的家人。 2. 穩定的經濟來源。 3. 主動、積極參與孩子的教養與照顧。 ※另外強調**主動**的重要性。	1. 肢體接觸，例如擁抱。 2. 耐心傾聽。 3. 肯定的言詞。 4. 滿足興趣和嗜好。 5. 男性的自我表露要清楚。 6. 家務和教養的分擔。 7. 多一些相處時間。 8. 甜言蜜語。 9. 製造生活中的驚喜。 10. 永遠保持戀愛的感覺，不只是親情、友情也要愛情。	1. 關心與照顧先生的家人。 2. 打理清掃家庭環境。 3. 希望溫柔對待、肯定先生的辛苦，不嘮叨與讚美先生。 ⇨支持＋尊重。 4. 以夫為重。 5. 有肌膚之親、魚水之歡。 6. 了解男人的心，會察言觀色及敏感先生的需求。 7. 多重角色、內外兼顧（太太有些事可以獨當一面，也有小鳥依人的時候）。 8. 精湛的廚藝。 9. 具母愛，可以照顧男人。	＊男生（H1）此時補充女生比男生了解男生，超過想像（哄堂大笑）。 1. 可獨處，一起談心，或安靜地看電視、電影。 2. 甜蜜的晚餐。 3. 整齊的家裡。 4. 關心包容⇨取代嘮叨及抱怨。 4. 男性不會去猜女性的心事，故女性可明確表達需求。 5. 可支持先生的工作。

附表二（此時團體氣氛認真且安靜）

給男性的建議	給女性的建議
1. 女人對男人最大的抱怨是，男人不溝通、不分享感受、不傾聽，建議： (1) 女性抱怨時要專心傾聽。 (2) 試著分享心中的情緒與感受。	1. 男性用語言交換資訊，所以是一種問題解決導向的互動方式，男性常覺得不管怎麼做都不好，常被女性挑剔，因此給女性的建議是：

給男性的建議	給女性的建議
(3) 口頭上常說讚美及感謝的話。 2. 從小處著手： 　(1) 每天細微的關心，例如看醫生時，關懷結果，可以有溫馨的話語，滿足女性有被思念的需求。 　(2) 常擁抱。 　(3) 當她累的時候幫忙做一些家事。 　(4) 不要忘了禮物、節日，心意最重要，記得愈不實用的禮物愈好。	(1) 常讚美及鼓勵。 (2) 男性需要被欣賞。 2. 學習接納自己及讓自己開心，當女性的自信及自尊提高的時候，反而容易改變。 3. 可以排出自己希望對方做的事的優先順序讓男性知道。 4. 男性感到親密是從日常生活中著手： 　(1) 共同參與及了解彼此的興趣。 　(2) 常擁抱。 5. 食療法及性需求的滿足。

反思

A 同學：婚姻教育與經營 & 親密之旅成長團體期末心得反思

一、針對活動本身

◎對課程本身

　　雖然自己也參與過團體的帶領與設計，但參與這種用影片帶領分享及討論的團體形式，對我而言是一種新鮮且不同的經驗。我們觀察的主題是「和諧的兩性關係」，不管是從團體一開始「愛的存款」的作業分享，或者是男女滿足需求方式及溝通表達的差異性，一方面透過帶領者先行讓男女分組，讓性別需求差異被凸顯，也透過激盪彼此需求的了解，讓男女性似乎有一些對話的空間跟同理彼此需求的想法與認知。

　　之後透過《同床異夢》這部影片，讓每對夫妻自省在自己日常生活對話的過程中，是否也有這樣因溝通需求落差而演變為激烈爭吵的時刻。而後黃維仁博士在影片中對於男女差異再次清楚地作了很詳盡的分享與解說，並給予明確且實用的建議，以及扣合主題的分享，整個活動的過程相當的順暢及深入。

　　發現到參加的成員接受度及投入程度很高，討論對兩性差異之了解時，成員間的討論非常熱烈，顯示課程活動對於夫妻經營婚姻關係的助益和實用性。我覺得團體討論是一個非常好的策略，當下可以破除兩性間差異的迷思，讓彼此的期待和承諾可以更合理。

◎**對觀察夫妻**

夫妻觀察是一門很棒的學習，雖然無法聽到夫妻雙方的言語，但是從夫妻雙方的眼神、肢體動作及表情，似乎就可以看出夫妻雙方對於團體參與的距離及感受。而在我觀察的過程中，看到 H6&W6、H7&W7 夫妻雙方肢體動作的親密及表情專注地傾聽彼此，似乎也為夫妻婚姻生活的品質找到不同的經營方式與出口，就像 H7&W7 在團體過程中提到希望再找回夫妻間的親密與戀愛感，聽在結婚一年的自己耳中，是很感動的，因為走入婚姻過程裡的自己，雖然受過很多的專業訓練，在婚姻經營上也不斷的提醒自己要多溝通、多讚美，但是受限於孩子出生後的生活瑣事變多、工作及課業壓力交加，夫妻感情頂多維持平盤，很難說再進一步去提醒彼此親密感的持續滋養，因此聽到一對結婚 10 年的夫妻到現在仍有這樣彼此的提醒與期盼，讓自己對於婚姻經營這門學問，有更多的省思與學習。

唯一比較可惜的是觀察的時間太短，無法連貫地觀察夫妻檔們的前後反應也真的有所缺憾。建議下次將觀察時間拉長，能更有連續性。

◎**對自己的專業省思**

從事家庭或婚姻教育工作的專業人員都知道，女性是比較容易向外求援及在外不斷進修，希望提升家庭品質的成員，而專業人員也都知道男性則是家庭要角中，最難接觸及接近到的，因此一開始老師提到總共有 10 對夫妻參與，我感到詫異且驚喜。在這次整體分享的過程裡，不只一對夫妻提到一開始是太太要求先生要參與這樣的團體課程，而經過一天的團體經驗，先生也感謝太太帶他們經驗這樣的學習。這樣的團體回饋經驗對於婚姻教育工作者而言是欣喜的。

現代社會價值觀隨著科技進展、知識流通便捷而有很多變化，連帶影響了現代人的婚姻選擇。其實婚後相處問題源自於婚前兩人共識是否足夠及婚後雙方能否持續互動與溝通，如果夫妻雙方能在婚前就對於彼此的婚姻價值觀念有過一些溝通及共識，婚後能適時的彼此進修課程與加溫關係，或許能減低彼此的衝突與磨擦，我真的希望相愛到白頭不再只是口號，而是一個每對夫妻都能達到的美滿境界。

二、對婚姻教育與經營課程

◎**書籍的閱讀：本學期選讀了六本書分述如下：**

1.《單身與婚姻輔導：非常選擇非常 match》：本書提到雙方把各人的情緒包袱帶進婚姻，以為已經找到解決內心問題的答案。然而，時間一到，當現實浮出檯面，老問題顯露出來，往往變得更嚴重、更具毀滅性。努力使自己在婚前就成為一個心理健全的人，這對婚姻是大有助益的。

2. 《為婚姻立界線》：提醒夫妻因著愛，學習為婚姻立界線，所謂「立界線」就是學會自制，以致能更愛對方。湯森德博士提醒夫妻們要避免在婚姻中誤用界線。婚姻生活有很多情況，不管怎麼做，都不會讓人輕鬆愉快，因此，既然都要受苦，何不選擇較合理並能造福雙方的方式？

3. 《承諾：婚姻的保鮮膜》：用行動活出承諾的愛，將維持婚姻的幸福。承諾的愛會帶出行動、維持與保護，承諾的愛可以滋潤生命，並可依賴承諾的愛維生。

4. 《家庭樹、生命樹》：強調從「原生家庭」重新認識自己，莫讓過去的創傷延續到現在，用憤怒向自己身邊最親近的人「討債」，要以理性、愛心來慢慢解決問題。並且透過自我探索的過程，清楚覺察到原生家庭對自己的影響，然後再活出自己且經營屬於自己的家庭與婚姻。

5. 《捍衛婚姻從溝通開始》：透過本書學到好多夫妻溝通的技巧和方法，就有點感嘆自己後知後覺，為什麼以前都沒有注意到這些書呢？經營美好穩定的婚姻其實並不難，首重觀念和行動，觀念對了想法就來了，想法帶來行動的能量，開始行動後，創意與改變就在前方。

6. 《愛就是彼此珍惜》：愛，是懂得在生活細節上，欣賞對方的一舉一動、一顰一笑。愛，是能細心體會對方為你所做的一切，並感激他。愛，是熱情加上友情，激情加上同情。婚前熱戀的激情會慢慢淡化，兩人一起共享的溫馨才能持久，也是真愛的表現。愛，是懂得傾聽（而不論斷），了解對方的需要。愛，是能夠與對方一起享受歡愉的時刻，兩人經常練習正面的互動，在愛的帳戶中存款。

　　雖然我們這組同學導讀的是《捍衛婚姻從溝通開始》，但是透過課堂上分享的過程，其實也發現了這些書籍的共通點，包括溝通、正面的回饋（愛的存款）、開啟親密之門、各盡本分肩負責任及承諾的重要性。每次都很期待專書報告，我還會自行 Google 相關心得評析以增加閱讀深度及廣度。

◎方案的實作與觀摩

　　很喜歡課程中實作的過程，因為自己進修研究所的課程，最主要的目的在於希望可以跟理論做一些的連結，而在研究所上課的過程，有些課程是自己熟悉所以很快能跟實務接軌，因此能在課堂上結合理論閱讀及實際的工作經驗，非常難得。而且透過課堂上同學們的分享與討論，有些角度及重點的理解是不同的，這樣彼此激盪的火花是很讓人開心的。

三、針對推動婚姻教育（家庭教育）活動之反思（理論與實務的對話）

　　在多年的教育生涯裡，愈來愈深感家庭教育的重要。在教學現場曾目睹許多因家庭問題而無法好好學習的孩童，他們的問題最後都指向家庭的失功能。家庭

是所有人的第一個「社會學習」場域，想要減少日後的社會問題，就不得不正視家庭問題，故家庭生活教育的推廣是刻不容緩的，在「teachable moment」提供適當的課程，是預防也是增能。

　　從上學期婚姻與家庭課程開始，我們就不斷學習與婚姻及家庭有關的相關理論及婚姻與家庭的多元視角，而這學期婚姻教育與經營的課程更是讓我不斷在思考如何扣合理論與實務？學過家庭理論的人都聽過 Minuchin 的家庭結構理論，其內涵與重要概念包括：

1. 強調系統的整體性：家庭是一個系統，透過成員彼此互動的小系統組合成一個較大系統，而家人之間的關係是一個互動牽連的整體網絡，會彼此牽連且影響到系統整體。在這堂實作與閱讀的課程裡，都不斷在強調「牽一髮而動全身」的概念，而在課堂中當夫妻分享愛的存款概念不只可以用在夫妻身上，也可以用在孩子身上的時候，相信對整個家庭關係都有助益。

2. 家庭規則：從個體出生開始，父母或家庭重要他人所給予我們有形或無形的教育，便逐漸形成家庭規則，隨著成員間的互動以及年齡的增長，這些家規便會被整合進入我們的認知體系裡，影響著我們的行為。記得團體分享的過程中有丈夫提到自己對於「玩」的定義與妻子很不一樣，因此兩人在這件事情上便經常鬧得不愉快，而在課程存款概念的提醒下，夫妻雙方可以覺察到彼此的差異，開始有一些規則的調整與鬆動，似乎也對兩人的美好記憶畫上很重要的一筆註記。

3. 次系統之間彼此的牽引：家庭中包含最主要的三個次系統，分別為親子次系統、夫妻次系統、手足次系統，每個次系統間互相牽連，其中一個次系統產生失功能的現象，必會連帶牽引其他兩個次系統，功能也因此產生扭曲。而在團體課程裡可以發現家庭次系統的區別通常是依照性別（男性／女性）、世代（父母／孩子）、共同興趣（智能性／社會性），或功能（誰負責做哪些家務事）來做區分，而孩子的降臨迫使夫妻轉變其系統為父母次系統，並掌握新責任，此時角色互補性仍然是必要的。如何不讓孩子的產生降低夫妻間的親密情感，是很多夫妻間該注意的功課。

4. 界線：界線是一條劃分個人與個人或次系統與次系統之間的隱線。如果次系統之間的界線不清楚，則容易產生糾結混亂的情形，一個健康的家庭，其次系統之間的界線應該是彈性不僵化的。次系統間的界線是經邀請而進入或是直接闖入呢？許多夫妻以為彼此太過熟悉，然對於彼此需求的了解與尊重並不若想像，而在課程中，不斷提醒夫妻清楚的讓對方了解自己的需求跟地雷，用直接表達的方式避免產生不必要的誤解，都可以讓彼此的婚姻與親密得到更多的加分效果。

　　我不禁想到，臺灣的教育現場，婚姻教育的議題在中小學，甚至是大學都是較少被提及的，因此婚姻教育若能往更年輕的年紀向下扎根，讓學生了解婚姻生活的複雜性以及雙方的責任，相信也有利於未來建立健康的情感及人際關係。

四、對自我成長的啟發

　　林義傑在成功征服北極的專訪中提到：「冒險時的每一天，我都要告訴自己一遍"Never give up"。」許許多多在各方面成功的人們總是分享出一個概念："Never try, never know"，婚姻說得上是生命中最大的冒險，而冒險是需要準備和計畫的，在決定的當下，誰也沒敢保證會看見未來是什麼樣的一幅風景。天天都有人結婚，結婚的理由也不盡相同，但是婚姻走向衰敗的理由卻是很相似：缺乏用心的經營與學習成長。還記得自己結婚的時候請先生給我要結婚的理由，先生只說想要有一個可以隨時分享喜怒哀樂的伴侶。而在自己臨床的工作經驗裡常發現，原本雙方在婚前欣賞彼此的地方，婚後變成彼此衝突及批判的點。

　　我覺得大家對於婚姻其實常充滿太多浪漫情節的想像，然而意見或價值觀的差異是不可避免的，但在戀愛甜蜜期的彼此或許為了避免衝突及關係的維持，也許是追逃模式，也許是沉默不語，不直接面臨衝突的問題，久而久之反而讓衝突一觸即發或變得更不可收拾。記得當初自己接受婚姻教育時，老師常提醒的是，當衝突的時候要心存感謝彼此都還有想要為婚姻及關係努力的動力。走進了兒童與家庭領域，自己就更應親身力行，改變自己，也試著影響周遭的人，若真能朝此目標前進，那就是最大的自我成長了。

B 同學：婚姻教育與經營期末反思報告

一、針對活動本身

◎於觀察的省思

　　活動當天，我本來分配到觀察第 4 對夫妻及第 5 對夫妻，但第 4 對夫妻因為身體狀況因素無法參加活動，所以僅觀察第 5 對夫妻。

　　第 5 對夫妻：在 2 分鐘的智慧存款練習時，W5 先向 H5 訴說心情與感謝，H5 本來都面無表情，僅點頭示意，但當 W5 擁抱 H5 時，H5 才展開笑容，並微笑地抱住 W5，拍拍 W5 的肩膀。

◎省思與建議

1. 一個簡單的肢體接觸（擁抱），可以融化兩人之間冰冷嚴肅的氣氛，也許參加課程前這對夫妻間有一些不愉快，但一個簡單的擁抱動作就化解了冰冷的氛圍。

2. 不同的婚齡，需求及面對的問題也會有所不同，應該可以分婚齡舉辦活動。

3. 觀察者曝露於課室中，夫妻知道有觀察者正在觀察記錄他們的行為，容易導致「霍桑效應」的情形產生，這是否亦會影響到所獲訊息資料的真實性，或影響可獲得資料深淺的程度。

4. 夫妻間平時應有存款的習慣，互相體諒對方的心情。並且要多使用「愛的語言」，常體恤對方的感覺和需要，夫妻間的「愛情存款」才會愈來愈多。坦承的溝通，才能為婚姻注入更多的幸福元素。

5. 存款的對象不一定單指夫妻之間，也可以對我們的子女存款，期望孩子與我們一起成長。

二、對於影片的省思

影片1：《同床異夢》，男女因生活議題導致分手。

◎省思與建議

1. 雙方意見不同時，應針對問題聚焦，不要東扯西扯、翻舊帳。

2. 男女生應了解彼此的差異，例如價值觀、對事情處理的順序。

3. 感受對方的情緒，男生常不知不覺，不知道女生已經在生氣了，而女生又常常太敏感，認為男生這樣就生氣了，或男生應該要知道我在生氣了。

4. 多溝通，不要用應付的心態去做事情，意見不合時，忌互不相讓。

5. 平常小事時就應處理，不要累積到一件事引燃大爆發。

影片2：黃博士提到男性與女性的差異，讓我們了解男女看事情的角度及需求。

男性♂	女性♀
・重視自我定義的需要。	・重視親密連結的需要。
・玩騎馬打仗，扮演將領、士兵，重視上下關係。	・玩扮家家酒，扮演老婆、先生，重視平等關係。
・怕失業（被羞辱）、被批評。	・怕落單、被忽略、失去原有的家庭（失去關係）。
・在心理需求上希望被家人無條件的接受。	・在心理需求上重視在愛人心中居首位。
・碰到問題時喜歡幫忙解決問題。	・碰到問題時只需要被了解、傾聽、被疼惜，心裡感覺被抓住時，痛就減輕很多。
・碰到壓力時，喜歡自己一個人找一個空間減壓。	・碰到壓力時，喜歡找人談談，特別是找女性朋友。
・男性談話大多在交換資訊。	
・男對女最大的抱怨是：感覺常被挑剔，不管如何做都不好→常讚美鼓	

男性♂	女性♀
勵、欣賞他的才華與口頭鼓勵，學習接納他，不要想修理他或改造他。	・女性談話大多在溝通感情、彼此了解。 ・女對男最大的抱怨是：不會溝通與傾聽→傾聽就是愛，不要急著給建議。
長度、硬度，不如你的態度	深度、緊度，不如你的溫度

◎省思與建議

　　兩性之間本就存在差異，應該要跳脫只用自己的視角，更同理地了解對方的需要與差異，從小處著手、多說愛的語言，可以比較容易存款，並且感受到對方的愛。

二、對於婚姻教育與經營的課程反思（理論的、實務的⋯⋯）

　　這是一堂非常特別的課，從一開始的理論介紹（閱讀6本書），讓我們體認了夫妻雙方的相處、溝通之道。在婚姻的路途中，不要只在乎自己的感受，更要體恤對方的感覺，從對方最常對你的抱怨中，去找出對方最想要的愛的語言。

　　「投其所好，而非給己所要」，才能讓「愛情存款」愈來愈多。這些理論聽起來並不難，但實際做起來卻很容易因為沒有站在對方的角度想，而喪失其中真正的意義。

　　另外影片的導引（婚姻糾察隊）勾勒出婚前教育的重要性與推動的必要性，最後參加婚姻成長團體，把理論與實務做一結合，是一個很特別的體驗，經過這樣的理論與實務結合，課堂上所學才不致流於空論，而活動參與過程中的反思也有助於與理論的再一次對話，修課收穫也更為扎實。

三、對於推動婚姻教育本身（或家庭生活教育方面）之看法

　　其實在上課或看影片的過程中，也會想想自己的婚姻，雷同的時候會發出會心的一笑，也會警惕自己不要犯了這些毛病。臺灣離婚率居高不下，婚姻教育可說是為面臨婚姻危機的夫妻提供一帖良藥，也可替未婚者及尚無問題的夫妻提供預防性的治療。婚後該如何妥善處理及應對，婚前的「增能」絕對比婚後疲於奔命來的好。

　　婚姻當中無時無刻不反映出下列議題：夫妻彼此的親密和信任、承諾的探索、原生家庭的影響及互動，以及夫妻（親子）間的溝通和衝突處理⋯⋯等，婚姻教育絕對是一輩子都需要修習、不斷複習的課程。

四、對於自我成長方面

　　婚姻是一種承諾、一種真誠的愛，溝通是夫妻間重要的課題之一。本次活動中，讓我學到「要放下自己，多替對方著想」，才能成為彼此的好對象。參加成長團體的課程中，雖然我們的身分是一個觀察者，以及推動活動進行者，但也很容易融入課程氣氛，畢竟大部分夫妻會犯的毛病（或會出現的現象），舉凡溝通模式不良、兩性差異造成的期待不同、對家務分工的看法等，在自己的婚姻中也常出現。

　　所以隨著課程進行，同時也會檢討自己的婚姻歷程，想要實踐課程的內容，與自己的先生進行「愛的存款」。在這一學期的課程裡，我們學到了夫妻間如何衝突處理、溝通技巧、正向思考……等，走進了兒童與家庭領域，自己就更應親身力行，藉著課程上的幫助，改變自己，也試著影響周遭的人，若真能朝此目標前進，那就是最大的自我成長了。

第 **5** 章

結語
婚姻家庭教育近20年的實踐之路

那些出於你的人必修造已荒廢之處，
你要建立拆毀累代的根基，
你必稱為補破口的，和重修路徑與人居住的。
～舊約聖經以賽亞書 58 章 12 節

引言：家之所在、人之所存

深耕家庭教育多年，讓筆者透澈地理解「家」是所有問題之所在，亦是所有答案之所存。這並非說人的問題都非得在家中解決，而是指人一生絕大部分的重要課題，早在原生家庭中就產生，並主導著此人未來的走向。

無論東西，家都是人成為「某種人」的重要場所，最初的價值觀、意義感、抗壓性、存在感等，皆在此形塑出樣貌，如 Satir 所提及的不同衝突型態即是明證，人的問題即是家的問題。問題被家庭製造出來，而家中人更把問題擴大帶到社會，接著社會中的人再把社會的問題帶回家中，如是惡性循環，家的崩潰意味著社會也將隨之倒塌。

近年來在臺灣社會中的家庭面臨許多劇變，知識、經濟、資訊、個人意識、外來文化等衝擊改換了傳統家庭的面貌，家庭由大變小，家人關係漸趨疏淡，舊價值觀的崩解，而新的處理方式卻尚未成熟，讓人無所適從。

就筆者目前所觀察，臺灣社會的婚姻家庭出現了「四不」危機，即「不婚、不生、不養、不教」。其中不婚、不生兩項確實是個人選擇的自由，但對國家人口政策以及未來發展，卻相當不利。後兩樣不養、不教則是親職家庭中常發生的問題，養不起、不會教都是家中父母常見的說詞，卻造成了孩子價值觀與行為紊亂，還增添了教育人員的重擔。2003 年《家庭教育法》頒布，隔年家庭教育相關法規增補了家庭教育法施行細則、家庭教育專業人員資格遴聘及培訓辦法、家庭教育專業人員資格認定作業要點、教育部家庭教育諮詢委員會設置要點、高級中等以下學校須提供家庭教育諮商或輔導辦法等，將家庭教育推進法治化及專業化階段，其中家庭教育專業人員之養成，就是為了面對這四不危機所儲備的應對方案，亦是筆者多年來孜孜矻矻，在各個領域推廣家庭教育，以及積極培育專業人員的原因之所在。

一、家之源頭 —— 婚姻

　　家庭教育橫跨的對象與階段廣泛，在上一章的婚姻教育架構圖之說明可見一般，但家庭之所以可成立，皆源於兩人的結合，「婚姻」方是家庭之始。因此，本書決定先將婚姻教育的重要性點出，即是想先從源頭就能有效且預防性地建構出保護網，讓婚姻中的兩人能穩定並有品質地維持婚姻關係，待來日再處理家庭教育的其他部分。

　　在婚前如能教育個人或伴侶雙方理解人與人的差異性，習得同理尊重與維持關係的技巧等，即可有效地幫助學習者與他人發展與維持關係。特別在青少年階段，理性與經驗仍不充足的情況下，如何能有方法地辨別自身與他人的感受，以及對自我與他人的身心界線有所設定，方能讓許多遺憾能被擋下或不再發生。

　　基於此，才有了本書第二章針對國中生，以及第三章針對大學生的教學嘗試，設下循序漸進的議題，包括國中生「愛的三要素」、「眞愛與迷戀」、「約會與分手的藝術」、「性的界線」，以及大學生「男女差異」、「原生家庭」、「情緒智慧」、「愛之語」，讓學生一步步在學習相關的理論與方法之後，更藉由實際教導他人，讓自身得到許多反思回饋，深入理解婚前教育的重要，以及執行服務學習教學法的強大效益。

　　第四章則進入實際的婚姻關係，屬於婚後教育的增能方案「親密之旅」，也因現實婚姻中錯綜複雜的問題，故在此階段的服務學習方式有所變化。身爲教師，不能讓學生負責過於瞬息萬變的教學現場，在經驗與特質皆需的婚後教育課程，學生以協助辦理與觀察的角度，在過程中體會眞實夫妻關係中的各樣情境，並以講師的方法爲基準，思考課堂學習的理論如何靈活運用。在「親密之旅」中，統整了各樣的婚姻教育內容，串聯出一個系統、三大主軸、六個工具與十二個課程的全面方案，走向婚姻關係的康莊大道。

　　本書正文三章，只約略描述筆者所實行的婚姻教育之一部分，礙於文字量的限制與讀者閱讀的一致性，只得先點論於此，儘量畫出一個大致的輪廓

給同道之士，若有指教，亦非常歡迎。

　　而如前論，婚姻教育只是家庭教育的一環，端看臺灣婚姻家庭的「四不」現象，即知尚有許多方面須補充與增進，家庭教育不分家中的成員大小，都要有相應的方案。在筆者經年累月的教學，以及與社會各方接觸的過程中，深深體會要轉變家庭的問題，需要的不只是教育機構的努力，而是需要「四部」思維的啟動與合作。

二、從四不到四部

　　針對婚姻教育綜合性架構圖中的四個重要部位元素：「時機」（timing）、「對象」（target）、「場域」（setting）及「傳遞」（delivery）所做的思考與推進，即是筆者所謂的「四部」之理論基礎，希冀可為臺灣婚姻家庭的「四不」現象找出可能的解藥，並啟動、連結社會資源成為注入婚姻教育的一個轉機。筆者所謂的四部之意，是以綜合架構圖中四個重要部位元素為基礎，去思考臺灣社會對於婚姻家庭教育可做出的努力方式。根據四個部位元素可分成四個面向，並由這四個面向去加強，嘗試將危機化為家庭教育全面化的轉機。

四部曲：**婚姻教育的課程建構**

　　婚姻教育是家庭教育的一環，家庭教育還有其他重要面向，針對家中成員大小以及生命的階段有所差異衍生不同的教育需求。「四部曲」意味著針對家庭成員該於什麼時機點進行教育，可簡分為**「兒童」**、**「青少年」**、**「大學生」**與**「社區大眾」**時期。最後的社區時期即是指進入婚姻後，面對各式伴侶與社會關係的交雜階段，生命階段由小到大，對應的教育項目則是「生命教育」、「情感教育」、「婚前教育」、「婚姻教育」（圖 5-1）。

圖 5-1　婚姻教育四部曲

在筆者任教的學校與學系中，即針對這四個人生階段規劃出相關課程，分別是大一選修的多元文化與家庭，搭配的實習活動即是寒暑假的兒童生命教育營；大三必修的婚姻教育，在本書二、三章中即有許多服務學習活動與此相關；大四必修的家庭生活教育與實習，搭配的實習活動有大專真愛營；另外還有碩士／碩職班的婚姻教育與經營、跨文化家庭研究等，都搭配服務學習的方式，增加學生在理論外實務操作經驗，每個活動針對的服務學習對象，就是處於上述四個不同生命階段中的人們。將家庭教育擴展到生命軸線上重要的節點，方能全方位地照顧社會中家庭的需要，並適時適切地提供協助。

四部門：婚姻教育的推動場域

此處的「四部門」，是指「**政府、企業、學校、民間 NPO**」。教育的啟動與推行須具體的場域來進行，不同的場域在推動家庭教育有著各自的優缺點，但無論如何，就現象來說，此四部門在其內部需求及外部效力，亦與家庭息息相關。

筆者多年和此四部門合作甚多，底下分別說明曾合作的單位，以及四部門與家庭教育的關係：政府單位有教育部、教育局、民政局、移民署等，政府也漸漸體認到沒有穩定家庭的社會，會衍生許多治安、經濟、人口問題，而這些問題都須政府處理，不如在問題發生前，運用教育與知識的力量，將其預防並遏止在家庭中。之所以會出現「移民署」，則和臺灣眾多跨

國婚姻家庭有關，文化、語言差異的情況下，問題極易出現，因此家庭教育更加需要介入其中。企業單位有金融業、科技業、製造業、文教業等，試想家庭糾紛多的員工，生產力必定下降，若是高階主管出現狀況，必然對企業追求的績效有所傷害。學校單位是指各層級的教育單位，托育中心／幼兒園、小學、中學、大學、研究所等，都須針對不同家庭狀況與生命階段的學習者，做出學習與協助的課程活動。民間 NPO 是指一些協會、基金會、教會或是其他社區型的非營利組織，因這些組織本身具有公益性質，協助推廣家庭教育有助於提升其形象以及公益目標。四部若能相互連結合作，家庭教育才能落實到社會各處，協助人們解決並增進家庭關係，讓家成為個人身心靈發展的後盾，成為穩固國家發展的基石。

四部落：婚姻教育的對象

臺灣社會的家庭類別，大致可先依文化類別區分為：**本土家庭、跨文化家庭**；再依區域細分為：**都會型家庭、鄉村型家庭**。此四類家庭各有自身社經背景、文化、能力、關係維持模式的差異。不同的對象有相異的問題，若能加以分析並取出不同家庭對象普遍的問題核心，並以此安排諸多不同性質的婚姻教育活動，即能以既有普遍性又不失針對性的方式，去化解其中錯綜複雜的關係問題，讓不同家庭類型的對象都能得到協助與學習的可能。

四部隊：婚姻教育的傳遞者

教育要能落實，若僅懂時機、有場域、有對象卻無專業的教育傳遞者，如空有器材、場地、觀眾卻無選手的球賽。教育傳遞者是一切的根本，這即是筆者十幾年來兢兢業業，希冀在各場域中培育家庭教育專業人員的原因，薪終有盡火仍須傳，應持續發掘培養新人，方能一路傳向未來。歷年來，筆者依循四個方向來培育從事婚姻教育的專業人才：

1. 大學生及研究生：本學系中完成修業家庭教育專業課程的大學生與研究生，畢業之後可申請認證為家庭教育專業人員。

2. 家庭教育專業人員學分班結業生：2018-2021 年間，筆者在輔大推廣部擔任家庭教育專業人員認證學分班召集人，於全臺北中南東至今共開設 10 個家庭教育專業人員專班，已培育出 300 餘位家庭教育專業人員。

3. 「親密之旅」小組長：「國際親密之旅」臺灣培訓師身分，亦於 2019-2021 開設 7 個初階培訓班，帶出逾 100 位認證小組長。

4. 家庭教育志工：是在各縣市進行家庭教育中心志工培訓課程。

竭盡全力，希望散播能扶持家庭教育的種子，領人走上關係無礙的前方。而培育養成的過程誠如德國哲人 Karl Jaspers 所言：To be a man is to become a man（Menschsein ist Menschwerdung），家庭教育專業人員是一個長期養成與建造的過程。

三、服務學習的反思及延續

在本書中所有的婚姻教育之課程，都讓學習者搭配著服務學習教學法去進行，不只增強學習者對於理論的實際運用，更能提升學習者自我實踐的能耐。多年的融入式教學應證了 Jacoby 所言：服務學習能幫助學生處理複雜的議題及深入理解後續解決此議題所需的基本理論，而學生的學習成效的確呈現出在新的問題情境能應用並實踐已具備的概念和知識；學生能夠掌握學習的自主權、與他人協力合作並以專業知識為基礎，解決社會的問題，也能從中發展出批判性反思的技能與習慣（劉若蘭等譯，2018）。服務學習的核心是學習者對於準備、過程與結果的「反思」能力，而在課程與活動過後，如何延續服務學習的「三方」關係，也是重要課題。

5C反思與三方反思

Eyler 及 Giles（1999）曾提出服務學習要有效益，其中的反思須有五特質（5C）：

1. 連接（connection），意旨強調課堂教室和社區服務的學習、情意和

認知的學習，以及經驗與應用不可分開。

2. 持續（continuity），在服務學習的過程中，服務前、中、後皆須持續進行反思。

3. 脈絡（context），在選取服務的項目以及相關機構時，必須選擇與自身所學內容有關。具體的作法是要和服務社區中的成員一同反思研討，加上在課堂上進行結構式的反思，並指定書寫作業等，皆是必須且幫助學生學習成長的要素。

4. 挑戰（challenge），服務學習的過程中必然會產生理論與經驗的碰撞，抑或是新來的各式經驗與資訊對自我舊概念的衝撞，要想辦法讓學習者的困惑轉換為成長的潛能。

5. 督導（coaching），如 4. 所言現場活動的操作會挑戰學生的舊觀點，這點亦會轉為成長的核心議題，但在產生出新視野與新概念前，不少學生易出現挫折與困惑之狀況，教學者應在情感上給予正向支持，再引導學習者以新的視角出發思考，如此方能幫助學習者將現場具體的經驗與觀察對照舊有的既定想法，以發展出不同的解釋觀點。

　　另外，在服務學習中重要的三角：學生、系所、社區，亦有可反思的面向。學生方面，可在服務學習的過程中，觀察學生是否能真正投入及發展出新的觀點，是反思的要點所在，可參考學習金字塔，來讓學生不只做中學，更使其在教導服務對象時「教中學」，增進學生自我成長、面對挑戰及靈活操作的強度。系所則是要注意到課程的規劃與內容，是否真有符合被服務單位的需求。另外課程設計在教育的時程中，是否平均且適合不同知識、經驗與生命階段的學生，以及課程活動結束後，是否有規劃延續知識與經驗的方式等。社區則是須對服務學習課程的內容提出反思與討論，並與時俱進地思考，以及提供系所各樣需求與建議回饋。

三方關係的延續

　　學校教育搭配服務學習的方法，學習者必能獲得比課堂上更多的經驗

值，加以服務學習課程透過與不同機構的連結，提供學生接觸各個族群與題材的機會，讓其在不斷接觸差異的狀況下，得到同理的能力。在多年的服務學習教學中發現，持續經營無論對於學生的成長、系所課程的規劃及與社區的連結都能使服務學習發揮最大的效益，以下分別針對學生、系所（課程）、社區三方面來談持續經營的重要性。

1. 學生參與的持續

在本系大一新生入學之際，筆者即儘量讓他們去協助或合辦家庭教育相關的活動，雖然大一新生對專業課程尚未修習，理論部分尚未完備，而讓學生儘早接觸服務學習，其目的在於讓他們理解傳統教學法之外的新學習方式，試圖讓同學儘早產生主動學習的動力以及關懷社會的意識。因筆者所開設課程平均分布於大學4年當中，在歷來的嘗試中，筆者試圖在每個年級中的不同課程加入服務學習教學法，有規劃地讓有興趣的學生能持續精進，若學生精實地經過4年的操練，將可明顯地提升學生的自信心、溝通能力、領導統御、專業知識應用及服務熱忱，並發展出強大的自主學習能力。

2. 系所課程的持續

在筆者自行開設的家庭教育課程中，搭配服務學習的方式，可讓學生在服務活動之前設定相關議題，並設計教案。活動之後，會讓學生思考教案實際操作的問題與反思，再刪補出問題較少、實用性高的教案。多年來累積了許多針對不同階段對象的教案資料庫，可讓教師及學生參考。學生在事前設計、事後反思並彙整，接著將彙整的經驗再傳遞給下一個修課的學生，讓一個課程的功能產生了延續且增強的效益。

3. 社區連結的持續

服務學習的主要精神，是滿足社區的需求而非校園的需求，它嘗試扭轉傳統利用社區來滿足研究目的學術氛圍，而企圖建立校園和社區互惠的關係。筆者多年來因服務學習教學法，和學校周圍的新莊社區有了緊密的聯繫，特別與長期關懷地方家庭與兒童的單位合作，由他們發現社區需求與問

題，轉達給學校、學系，而我們則針對地方的需求去設定服務學習的目標與方式，建立起穩固互信的合作關係，亦因如此，社區與學校／學系兩方，才能有互惠且長久的信賴關係。

四、雙人舞的國家隊

　　不知讀者是否記得本書一開始，筆者說明了自身因愛打乒乓球，忽而發現原來婚姻關係就如一場乒乓比賽那般，兩人球來球往，有如在親密關係中左右進退，你傳我接，你殺我擋，技巧若達到同步，默契一來，規律和諧的揮拍踏步、相互配合的擊打節奏，彷若一場優美的雙人舞蹈。而本書一連串的婚姻教育，即是加強兩人的關係技巧與同理能力，而在增進自己之餘，若學有所成，更鼓勵學習者成為他人婚姻關係的引導教練。學習者只要能經過國家的家庭教育專業人員認證，就能成為他人的引導者，加上四部思維的啟動與配合，就能將家庭教育的隊伍持續擴張。長此以往，正向關係的婚姻隊伍便可壯大，終有一天能成為人數眾多的「國家隊」，讓整個社會的家庭都朝向和諧、穩定且豐潤的關係之路，人人都成為關係中如魚得水的佼佼者。

參考文獻

一、中文部分

王以仁（2010）。**婚姻與家庭**。臺北市：心理。

王雲良譯（2016）。**愛之語—— 兩性溝通的雙贏策略**（*The Five Love Languages. How to Express Heartfelt Commitment to Your Mate*）（原作者：Gary Chapman）。臺北市：中國主日學協會。

方東美（2005）。**原始儒家道家哲學**。臺北市：黎明文化。

田鎔瑄、謝慧雯譯（2004）。**戀人還是朋友—— 分手療傷手冊**（*Let's Just Be Friends: recovering from a broken relationship*）（原作者：H. Norman Wright）。臺北市：宇宙光。

江綺雯、孫大川、王惠元、金志謙（2020）。**家庭價值與政策**。臺北市：監察院。

李昂譯（2013）。**不是孩子不乖，是父母不懂！**（*Parenting from the inside out : how a deeper self-understanding can help you raise children who thrive*）（原作者：Daniel J. Sielge & Mary Hartzell）。臺北市：野人文化。

吳就君譯（2009）。**家庭如何塑造人**（*Peoplemaking*）（原作者：Virgina Satir）。臺北市：張老師文化。

周麗端（2016）。家庭理論在家人關係中的應用。載於王以仁等人，**婚姻與家人關係**（頁35-80）。新北市：空中大學。

林安梧（1996）。**儒學與中國傳統社會之哲學省察**。臺北市：幼獅文化。

林如萍（2004）。婚姻教育（一）婚姻教育的理論與基礎。載於黃迺毓等人，**家庭生活教育導論**（頁91-114）。新北市：空中大學。

林如萍（2010）。**國人之婚姻態度及對婚姻教育之需求全國民意調查**。教育部社會教育司委託專案報告。

林沈明瑩、陳登義、楊蓓譯（1998）。**薩提爾的家族治療模式**（*The Satir Model-Family Therapy and Beyond*）（原作者：Virginia Satir, John Banmen, Jane Gerber, & Maria Goromi）。臺北市：張老師文化。

林劭貞譯（2011）。**幸福關係的7段旅程**（*I love you, but I'm not in love with you: 7 steps to saving your relationship*）（原作者：Andrew G. Marshall）。臺北市：張老師文化。

林淑玲譯（2016）。第五章——婚姻教育的綜合性架構。載於林淑玲等譯，**家庭生活教育理論與實務的整合**。臺北市：心理。

林淑玲譯（2016）。第六章——婚姻教育的創新：現況與未來挑戰。載於林淑玲等譯，**家庭生活教育理論與實務的整合**。臺北市：心理。

林國亮（2004）。**家庭樹、生命樹**。臺北市：雅歌。

祈遇譯（2012）。**你們在教我們孩子什麼？——從醫學看性教育**（*You're Teaching my Child What?*）（原作者：Miriam Grossman.）。新北市：校園書房。

馬永年（2009）。**PREP 婚姻教育方案成效與實施之評估**。國立臺灣師範大學人類發展與家庭學系碩士論文。臺北市，未出版。

馬永年、梁婉華譯（2014）。**捍衛婚姻從溝通開始**（*Fighting for Your Marriage*）（原作者：Howard J. Markman, Scott M. Stanley, & Susan L. Blumberg）。臺北市：愛家文化事業基金會。

徐明、楊昌裕、劉杏元、劉若蘭、林至善、楊仕裕、葉祥洵、邱筱琪（2008）。**從服務中學習：跨領域服務—學習理論與實務**。臺北市：紅葉文化。

莊璧光、林秀慧譯（2014）。**共創活力的婚姻**（*Empowering couples Building on Your Strengths*）（原作者：David H. Olson & Amy K. Olson）。臺北市：愛家文化事業基金會。

許芳菊譯（2013）。**邁向目的之路**（*The Path to Purpose-Helping Our Children Find Their Calling in Life*）（原作者：William Damon）。臺北市：親子天下。

張春興（2013）。**教育心理學——三化取向的理論與實踐**。臺北市：東華。

張美惠譯（2010）。**EQ Emotional Intelligence——為什麼 EQ 比 IQ 更重要**（*Emotional Intelligence*）（原作者：Daniel Goleman）。臺北市：時報文化。

童小軍、顧新、覃韶芬、王軍譯（2013）。**服務學習——先驅們對起源、實踐與未來的反思**（*Service-Learning: A Movement's Pioneers Reflect on its Origins, Practice, and Future*）（原作者：Timothy K. Stanton, Dwight E. Giles, & Jr. Nadinne I. Cruz）。北京市：知識產權。

彭懷真（2000）。**愛情 Manager**。臺北市：平安文化。

黃維仁（2010）。**傾聽就是愛**。臺北市：愛家文化事業基金會。

黃維仁（2016）。婚姻教育與親密關係。載於趙剛、王以仁編，**中華家庭教育學**。臺北市：上揚國際開發。

黃維仁（2017）。**親在人生路上**。臺北市：愛家文化事業基金會。

黃維仁（2019a）。**親密之旅初階培訓課程學員手冊**。臺北市：國際親密之旅。

黃維仁（2019 b）。**親密之旅初階培訓課程附加手冊**。臺北市：國際親密之旅。

楊文山（2012）。書評〈*Population Policy and Reproduction in Singapore: Making Future Citizens*〉。人口學刊，**44**，195-204。

楊文山（2015）。評論〈「學歷擠壓」困境：擇偶網站資料的分析〉。**人文及社會科學集刊，27**(1)，265-276。

葉肅科（2012）。**一樣的婚姻多樣的家庭**。臺北市：學富文化。

劉如菁譯（2003）。**爲約會立界線**（*Boundaries in Dating*）（原作者：Henry Cloud & John Townsend）。臺北市：台福傳播中心。

劉若蘭、郭瑋芸、邱佳慧、王美鴻、劉芳、邱筱琪譯（2018）。**服務－學習的本質——問題、解答與啟示**（*SERVICE-LEARNING ESSENTIALS: Question, Answers, Lessons Learned*）（原作者：Barbara Jacoby）。臺北市：學富。

劉淑瓊譯（2015）。**抱緊我**（*Hold Me Tight: Seven Conversations for Lifetime of Love*）（原作者：Sue Johnson）。臺北市：張老師文化。

潘榮吉（2005）。「家」的宗教意涵對生命教育之啟示。**輔仁民生學誌，11(1)**，頁23-31。

潘榮吉（2006）。從多元文化視野檢視外籍配偶在臺處境——以「跨文化家庭研究」課程之「服務學習」型實作爲例。載於中華民國社區教育學會主編，**外籍配偶與社區學習**。臺北市：師大書苑。

潘榮吉（2007）。「家庭教育專業倫理」教學課程之初步探討。**輔仁民生學誌，13(2)**，105-117。

潘榮吉（2008）。健康家庭的根基——大學生的婚前教育。載於**輔仁學派的建構，輯五，九十七學年度研究成果報告書**，頁 280-298。新北市：輔仁大學。

潘榮吉（2010）。服務學習教學法應用於家庭生活教育課程之初探，載於**家庭價值國際研討會會議手冊**，頁 238-257。臺北市：國立臺灣師範大學人類發展與家庭學系。

潘榮吉（2011）。輔大辦學宗旨與目標之詮釋與應用——一個基督徒教師在教學實踐中對「人生意義」的回應。載於**輔仁大學第 4 屆全人教育學術研討會——學校辦學宗旨與課程發展論文集**，頁 200-211。臺北市：輔仁大學全人教育課程中心。

潘榮吉、陳坤虎、蘇育令、柯良宜（2016）。服務學習理念與實踐——以輔仁大學爲例。**輔仁大學全人教育學報，14**，33-62。

潘榮吉（2020a）。婚姻教育。載於周麗端等人，**家庭生活教育導論**（頁 111-

154）。新北市：國立空中大學。

潘榮吉（2020b）。給婚前年輕的你或妳。**張老師月刊，508**，頁 104-107。

潘榮吉（2020c）。不讓婚姻消磨愛的三要訣。**張老師月刊，510**，頁 104-107。

潘榮吉（2020d）。從夫妻變父母，相互扶持的三階段。**張老師月刊，512**，頁 70-73。

潘榮吉（2020e）。通往「愛」的捷徑——善用「愛之語」。載於**愛的通關密語——找到最適合彼此相愛的方式**。新竹縣家庭教育中心 109 年家庭教育年刊第 8 期。

顧景怡譯（2016）。**青春，一場腦內旋風**（*Branistorm: The Power and Purpose of the Teenage Brain*）（原作者：Daniel J. Sielge）。臺北市：日月文化。

二、英文部分

Adler-Baeder, F., Higginbotham, B., & Lamke, L. (2004). Putting Empirical Knowledge to Work: Linking Research and Programming on Marital Quality. *Family Relations, 53*: 537-546.

Amato, P. R., Johnson, D. R., Booth, L., & Rogers, S. J. (2003). Continuity and Change in Marital Quality between 1980 and 2000. *Journal of Marriage and Family, 65*: 1-22.

Amato, P. R. (2004). Tension between Institutional and Individual Views of Marriage. *Journal of Marriage and Family, 66*: 959-965.

Booth, A. & Amato, P. R. (2001). Parental Predivorce Relations and Offspring Postdivorce Well-Being. *Jounal of Marriage and Family, 63*: 197-212.

Doherty, W. J. & Anderson, J. R. (2004). Community Marriage Initiatives. *Family Relations, 53*: 425-432.

Eyler, J. S. & Giles, D. E. Jr. (1999).*Where's the Learning in Service-Learning?* San Francisco, CA: Jossey-Bass.

Falke, S. I. & Larson, J. H. (2007). Premarital Predictors of Remarital Quality: Implications for Clinicians. *Contemp Fam Ther, 29*: 9-23.

Hawkins, A. J., Carroll, J. S., Doherty, W. J., & Willoughby, B. (2004). A Comprehensive Framework for Marriage Education. *Family Relations, 53*: 547-558.

Hawkins A. J., Blanchard V. L., Baldwin S. A., & Fawcett, E. B. (2008). Does Marriage and Relationship Education Work? A Meta-Analytic Study. *Journal of Consulting and Clinical Psychology, 76*: 723-734.

Halford, W. K. (2004). The Future of Couple Relationship Education: Suggestions on How It Can Make a Difference. *Family Relations, 53*: 559-566.

Halford, W. K. (2011). *Marriage and Relationship Education.* NY: Guilford.

Holman, T. B., Birch, P. J., Carroll, J. S., Doxey, C., Larson, J. H., & Linford, S. T., (2002).*Premarital Prediction of Marital Quality or Breakup, Research, Theory, and Practice: Premarital Factors and Later Marital Quality and Stability.* Kluwer's eBookstore at:http://www.ebooks.kluweronline.com

Huang, W. J. (2005). An Asian Perspective on Relationship and Marriage Education. *Family Process, 44*: 161-173.

L'Abate, L. & L'Abate, B. L. (1981). Marriage: The Dream and the Reality. *Family Relations, 30*: 131-136.

Larson, J. H. (2004). Innovations in Marriage Education: Introduction and Challenges. *Family Relations, 53*: 421-424.

Manning, W. D., Brown, S. L., & Payne, K. K. (2014). Two Decades of Stability and Change in Age at First Union Formation. *Journal of Marriage and Family, 76*: 247-260.

Nielsen, A., Pinsof, W., Rampage, C., Solomon, A. H., & Goldstein, S. (2004). Marriage 101: An Integrated Academic and Experiential Undergraduate Marriage Education Course. *Family Relations, 53*: 485-494.

Nock, S. L. (2015). Marriage as a Public Issue. *The Children of Future, 15*: 13-32.

Pan, Rong-Ji (2012). Sohnespflicht-Eine Analyse der Familienbeziehungen im alten China. AV Akademikerverlag, Germany.

Petty, B. D. (2007). Marriage Education: A Grounded Theory Study of the Positive Influence of the Educational Experience on the Marriage Relationship. Dissertation, University of Idaho.

Rhoads, R. & Howard, J. P. F. (1998). *Academic Service Learning: A Pedagogy of Acrion and Reflection.* San Francisco: Jossey-Bass.

Roberson, P. N. E., Norona, J. C., Lenger, K. A., & Olmstead, S. B. (2018). How do Relationship Stability and Quality Affect Wellbeing? Romantic Relationship Trajectories, Depressive Symptoms, and Life Satisfaction across 30 Years. *Journal of Child and Family Studies, 27*: 2171-2184.

Sassler, S. (2010). Partnering Across the Life Course: Sex, Relationships, and Mate

Selection. *Journal of Marriage and Family*, *72*: 557-575.

Salovey, Peter, Mayer, John D., Caruso, David, & Seung Hee Yoo. (2008). The Positive Psychology of Emotional Intelligence. In J. C. Cassady & M. A. Eissa (Eds.), *Emotional Intelligence: Perspectives on Educational & Positive Psychology* (185-208). Peter Lang Inc., International Academic Publishers.

Shafer, K., Jensen, T. M., & Larson, J. H. (2014). Relationship Effort, Satisfaction, and Stability: Differences Across Union Type. *Journal of Marriage and Family Therapy*, *40*: 212-232.

Smock, P. J. (2004). The Wax and Wane of Marriage: Prospects for Marriage in the 21st Century. *Journal of Marriage and Family*, *66*: 966-973.

Stahmann, R. F. & Salts, C. J. (1993). Education for Marriage and Intimate Relationships. In M. E., J. J. Moss (Eds.), *Handbook of Family Life Education*, *2*: 33-61. Newbury Park, Calif: Sage Publication.

三、網路部分

UNESCO (2018). *International technical guidanceon sexuality education*. Retrieved from https://reurl.cc/OXkMED

U.S. Department of Health & Human Services (2020). *Healthy Marriage & Responsible Fatherhood*. Retrieved from https://www.acf.hhs.gov/ofa/programs/healthy-marriage

U.S. Department of Health & Human Services (2020). *The Healthy Marriage Initiative (HMI)*. Retrieved from https://www.acf.hhs.gov/ofa/resource/the-healthy-marriage-initiative-hmi

內政部統計處（2020a）。**內政統計通報**。109 年第 8 週內政統計通報 _ 結婚登記。取自：https://www.moi.gov.tw/cp.aspx?n=10494

內政部統計處（2020b）。**內政統計通報**。109 年第 28 週內政統計通報 _ 婚齡統計。取自：https://www.moi.gov.tw/cp.aspx?n=11694

行政院性別委員會（2019a）。**國內指標**。取自：國內指標 - 初婚者之年齡平均數（ey. gov.tw）

行政院性別委員會（2019b）。**國內指標**。取自：國內指標 - 育齡婦女總生育率（ey. gov.tw）

性福 e 學園（2020）。**做個「性 Q」高手──談情慾自由**。取自 https://reurl.cc/

pmxxY4

林國亮（2008）。**婚前輔導探討**。取自 https://www.cccowe.org/content_pub.
　　php?id=ps200811-7

教育部（2018）。**十二年國民基本教育課程綱要國民中小學暨基普通型高級中等學
　　校**。健康與體育領域。取自 https://reurl.cc/KxrpKm

符碧眞（2007）。**大學教學與評量方式之研究**。取自 https://reurl.cc/mqXmZ7

趙國玉、翁嘉穗（2014）。**青少年性傳染病照護與預防**。取自 https://reurl.cc/
　　mqvLmG

潘榮吉（2015）。正視與珍視新住民家庭。**教育部家庭教育網**。取自 https://
　　familyedu.moe.gov.tw/docDetail.aspx?uid=1034&pid=1033&docid=40437

薛承泰（2018）。**少子高齡化會讓臺灣走向「自然亡」嗎？**取自 https://forum.
　　ettoday.net/news/1234383#ixzz6B6SO146G

國立臺灣師範大學家庭研究與發展中心（2019）。**方案手冊**。取自 https://www.frdc.
　　ntnu.edu.tw/index.php/achievement/

鄭其嘉（2020）。**全人性教育 & 校園性教育（含愛滋病防治）之推動**。取自 https://
　　hps.hphe.ntnu.edu.tw/resource/course/play/id-369

附錄一：第二章課程計畫申請範例

　　此部分將會列上基於第二章內容，筆者自 104 學年度（2016 年）至今 5 年持續以融入式服務學習的教學法，在「婚姻教育」課程進行中，針對中學生的情感教育之實作教學，所設計以及具體去申請並執行的課程計畫書，每年大約 30 位大學生，分成 6 組進入 6 班教學。希望可以當作範例，讓有心從事此等情感教育的人員，在需要補助或申請時參考。

一、課程基本資訊				
課程名稱	婚姻教育	本課程開設次數	□首次開設　■非首次開設	
開課單位	兒童與家庭學系	課程屬性	■專業課程　□通識課程	
開課年級	三年級	必／選修	■必修　□選修	
學分數／時數	3	是否配置教學助理	■是　□否	
修課人數	30	是否辦理保險	■是　□否	
服務方案／計畫名稱				
服務議題 （可複選）	□課輔　　　□弱勢關懷與陪伴　□公益傳媒　　□環境保育 □社區服務　■專業服務（青少年婚姻教育）　□志工培育 □其他（請填寫）			
服務對象 （可複選）	□新住民　　□高齡者　　□身心障礙者■兒童青少年　　□機構 □輔大校園　□社區經營　□國際服務　□其他＿＿＿＿＿（請填寫）			
每次服務時數	3	服務單位如何擇定	□學生　■教師　□學校安排	
每學期服務次數	2	服務時段	■課堂　□課餘時間	
參與實作人數	30	是否有固定服務時間	■是　　□否	
提供服務人次	30*10（班）*2 =600 人（計算）	是否要求進行服務	■是　　□否 （自由決定參加與否）	
二、請簡要說明本課程服務與專業實習之差異				
是否含或搭配實習課程	□內含實習課程　□另搭配實習課程　■否			
若有實習課程，請簡要說明服務學習與實習課程之差異				

三、課程目標

1. 探討婚姻教育理論。
2. 增進學生對婚姻相關議題的認識。
3. 了解不同婚齡婚姻良好運作的因素。
4. 提升學生自我婚姻態度的省思。
5. 針對青少年婚前／兩性教育方案以服務學習方式進行設計與實作。

四、課程內容

日期	單元主題	閱讀報告
週次 Week	主題 Topic	單元主題 Unit
1	課程介紹分組	兼談服務學習方案設計與執行
2	婚姻教育導論	婚姻教育發展歷程 家庭發展過程中的婚姻
3	專題 1	婚姻與家庭領域的電視節目製作
4	婚姻教育的內容 專題 2：青少年婚前教育	婚姻教育內容 交友戀愛
5	婚前教育 I	婚前親密關係／同居
6	婚前教育 II	分手
7	原生家庭與婚姻關係	家庭對夫妻關係影響
8	幸福婚姻專訪報告	期中報告
9	孩子在婚姻中的角色	兒童角色與婚姻關係
10	婚姻中的衝突處理	溝通技巧與衝突處理
11	方案設計初稿報告	方案設計報告
12	饒恕	饒恕對關係經營的深層意涵
13	專題 3：婚姻教育產業經營	
14	方案實作 (1)	服務學習方案執行
15	方案實作 (2)	服務學習方案執行
16	服務學習反思	小組討論
17	期末成果報告 (1)	分組報告 (1)
18	期末成果報告 (2)	分組報告 (2)

五、教學策略

家庭是社會最小的組成單位，而家庭建立起源自婚姻。以往婚姻屬於私領域，特別是傳統思想中「清官難斷家務事」，在教育體系鮮有機會讓學生學習如何經營婚姻，大多數人是望著父母婚姻的背影揣摩度過自己的婚姻生活。然而隨著離婚率不斷高升，愈來愈少孩子有機會看到父母成功的婚姻生活經驗，連帶著也使他們對於步入婚姻帶著恐懼。

現代人對婚姻的期望已不再只是長期飯票及傳宗接代的組合而已，偶像劇公主王子的夢幻愛情故事深入人心，尋找真命天子、靈魂伴侶成為年輕人結婚的重要考量。對於婚姻的高期待、低學習機會是怨偶及離婚的主因。此時，婚姻教育扮演著重要的角色，一方面讓年輕人在婚前了解婚姻的風險，一方面在婚後學習婚姻經營的方法，可以造就更多幸福的家庭。課程內容設計將畫分為婚前教育及婚姻概論兩大部分，透過精選各主題相關著作，讓學生了解從交友、戀愛及婚姻經營的各個議題。輔以要求學生蒐集相關繪本及影音媒材，擴大學生應用課程內容的能力。

本系學生在學期間，修過特定必修學分，自然取得家庭教育專業人員資格，成為合格的家庭教育推行工作者，其中婚姻教育乃《家庭教育法》中明令的教育內容。103 年《家庭教育法》修正案第 14 條「主管教育行政機關應針對適婚男女及未成年之懷孕婦女，提供四小時以上家庭教育課程，以培養正確之婚姻觀念，促進家庭美滿。」有鑑於臺灣青少女懷孕胎比例高居亞洲第一，《家庭教育法》在公布 10 年之後特別增加對未成年之懷孕婦女的家庭教育之重要性。

此次服務學習對象為青少年，正處於《家庭教育法》修正案的高風險族群，由大學生參照課堂上婚前教育的理論基礎，設計適合青少年的婚前教育方案，除了增進大學生方案設計的能力，也提升青少年對交友、戀愛的了解，避免未婚懷孕的問題。

六、服務學習歷程規劃與安排

階段	週期	工作細項及內容
準備	1-14	婚姻教育理論介紹
服務	15-16	青少年婚前教育實作
反省	15-18	每次服務活動結束後帶領學生進入反思與檢討
慶賀	18	成果分享與建議

七、合作機構（為使學生及接受服務之機構或對象均能彼此受惠，應與機構簽訂合作備忘錄）

1. 機構名稱：新北市立 XX 國中
2. 具體服務工作項目／合作內容：為鄰近國中三年級青少年進行婚前／情感教育

八、評量方式

1. 課程參與（20%）：含上課參與（15%）、智慧與愛的存款簿（5%）
   智慧與愛的存款簿：每人擁有一本存款簿，以家庭為單位，記錄每週家人關係的存款，於每週上課時分享討論，學期末驗收後發還。
2. 平時成績（20%）：書本導讀，含口頭報告及 PPT 檔製作。依據每週相關主題，分組報告當週書籍內容（口頭報告及 PPT 檔製作），必須在以相關童書（至少一本）、影音媒體，報告時間 20-30min，報告資料請於報告前一週週五前上傳。

3. 期中報告（25%）：幸福婚姻專訪

　　幸福夫妻專訪將根據家庭生命週期理論，分組訪談不同婚齡的夫妻婚姻經歷。請於 3/25 前確定訪問對象。須全組一同訪問，並拍照留念。報告資料請於報告前一週週五前上傳。

4. 期末成果分享（35%）：小組口頭報告（PPT 及影片）、青少年情感教育方案、服務學習反思。報告資料請於報告前一週週五前上傳。

　　青少年婚前 / 兩性 / 情感教育服務學習方案

　　分組：分六組，每組一班

　　方案合作對象：新北市○○中學

　　請假兩次為限。缺課一次扣總分 2 分，兩次遲到等同一次缺課。

　　校外服務學習缺課一次扣總分 5 分。

　　作業繳交依 TronClass 時程上傳，遲交者扣該次成績 20 分。

九、預期產出

青少年婚姻教育方案

完成影片製作

完成成果報告

完成服務學習反思

十、參與服務學習學生名單（請於開學後提供）

請教師於開學或結案時提供正確參與服務學習學生名單（含姓名、學號）

附錄二：第三章課程計畫申請範例

　　此部分將會列上基於第三章內容，筆者自 98 學年度（2010 年）至今 10 年持續以融入式服務學習的教學法，在「家庭生活教育與實習」課程中進行大學生的婚前教育的實作教學，所設計以及具體去申請並執行的課程計畫書，每年大約 30 位大學生，服務對象為 120 位大一學生，分成 6 組同時進行。希望可以當作範例，讓有心從事成年前期婚前教育的人員，在需要補助或申請時參考。

一、課程基本資訊

課程名稱	家庭生活教育與實習	本課程開設次數	☐首次開設　■非首次開設
開課單位	兒家系	課程屬性	■專業課程　☐通識課程
開課年級	四年級	必、選修	☐必修　■選修
學分數、時數	3	是否配置教學助理	■是　　☐否
開課人數	32	是否辦理保險	■是　　☐否
服務議題 （可複選）	☐課輔　　　☐志工培育　　☐弱勢關懷與陪伴　☐公益傳媒 ☐節能減碳、環保、保育　☐醫療服務　■其他（情感與婚前教育）		
服務對象 （可複選）	☐新移民　　☐老人　　　☐身心障礙　☐兒童青少年　☐國際服務 ■輔大校園　☐社區經營　☐機構　　　☐其他　　　　　（請填寫）		
每學期服務次數	4 次	服務單位如何擇定	☐學生 ■教師 ☐學校安排
每次服務時數	2 小時	服務時段	☐課堂　■課餘時間
是否要求 進行服務	■是　　　☐否 （自由決定參加與否）	是否有固定服務時間	■是　　☐否

二、請簡要說明本課程服務與專業實習之差異

是否含或搭配實習課程	☐內含實習課程　　☐另搭配實習課程　　■否
若有實習課程，請簡要說明服務學習與實習課程之差異	本課程已長期融入服務學習的實作，課程名稱之「實習」實為「實作」之意，重於將理論與實際面操作結合，有異於本系所「專業實習」一課。

三、課程目標

　　天主教大學看重學生全人教育及家庭價值，一方面致力於大學生專業與人格的養成，一方面也應提供機會讓學生學習如何經營未來的婚姻與家庭生活。工作與家庭是學生畢業後的終身場域，如何在職場上勝任有餘，又如何能經營出幸福美滿的婚姻與家庭生活，在兩者間尋求平衡是目前多數社會人與家庭建立者的心聲。是故本系以預防教育為主軸，期盼能培養在專業領域有專精的學生外，也能藉服務學習的機會，回應學校學生在生涯發展上情感的需要。

　　因應《家庭教育法》所須具備的家庭教育專業人員之養成，本系學生畢業即可申請國家認證，取得資格，而家庭生育與實習為本系必修課，在於培訓學生家庭生活教育理論與實務的結合運用。臺灣的離婚率自 1997 年始呈持續增加情勢，到 2003 年的高峰 2.87 後略為下滑但仍維持在相對高點 2.83，並且在 2005 年已經躍升為亞洲離婚率最高的國家。面對高離婚率目前主要的兩個策略是：婚姻問題出現後的輔導治療及問題出現前的預防（更多的是婚前教育）。然而在美國 80-90% 的離婚者表示當他們婚姻出現問題時未嘗尋求治療師的協助，至於接受婚姻治療協助者也只有三分之二的婚姻在短期間改善了。因此在婚姻問題出現前的預防觀點便成為更值得推廣的選擇，這也與晚近預防科學的理念相吻合。

在美國一項針對大學生婚姻態度的調查中發現，大學生仍渴望擁有唯一但快樂的婚姻，但他們不知道這是否還有可能性。雖然在臺灣沒有相應的研究，但看到持續高升的離婚率，年輕人持有類似的擔憂是可以想像的，我們必須思考大學可以做什麼來提升婚姻成功的機率？

大學的婚姻課程大都呈學術導向，欠缺婚前預備的意涵，然而大學生其實是十分迫切需要婚前教育的對象，因為：(1) 比較靠近選擇人生伴侶及建立具有承諾關係之人生階段；(2) 成熟到足以公開討論性方面的議題；(3) 尚未進入實質擇偶歷程，因此婚前教育帶來的認知改變可以有效應用；(4) 對於已經發展穩定關係者，大學生不似將婚者面臨到婚禮在即的急迫性，經過婚前教育後可以有充分時間思考兩人適合與否的關鍵議題。

一般而言，參與婚姻增能（empower）方案的成員基本是對彼此的關係感到滿意的，增能（empower）方案乃主要是透過肯定兩人關係長處來增強承諾。特別是在華人文化「家醜不外揚」的傳統觀念下，當婚姻出現狀況時更不容易主動出面求助，唯有在夫妻兩人彼此關係和諧時就建立起健康婚姻經營的機制並認識可供使用的資源，才能有效預防未來婚姻生活可能出現的許多難題。

溝通及衝突解決等關係經營技巧乃大部分婚姻教育方案最主要的著力點，但如果夫妻雙方對健康婚姻沒有基本的認知及正確態度，技巧增進對婚姻關係之促進影響有限，因此婚姻教育方案多從教導認知與態度下手。深度的教育方案必須在學員有足夠時間投入、心理安全感，專業的課程及合格帶領人，才能帶出好的成效。因此課程目標設計如下：

1. 了解家庭生活教育之內涵，並能參與設計，以婚前教育為題材。
2. 能執行家庭生活教育相關之方案，以婚前交往中男女朋友為服務對象。
3. 能實際體驗所實習兒童與家庭對象的需求情形及發展，學習如何服務，也在服務中學習並透過反思持續修正與成長。
4. 透過反思提出並架構出符合大學生的婚姻教育課程。

四、課程內容

1. 家庭生活教育專業化：家庭教育法與推動實務面面觀。
2. 大學生婚前教育的需求評估。
3. 方案設計的理念、設計與實作。
4. 婚前教育主題：男女差異、溝通與衝突處理、原生家庭與依附型態探討、愛的探索與表達、情感智慧。
5. 服務學習的反思與分享。

五、教學策略

美國西北大學 2001-2004 年曾連續四年在大學部開設一門以婚前教育為導向的婚姻課程 Marriage 101: Building Loving and Lasting Partnerships。該課程每學期招收約 50 名學生，以男女成對（不限定為男女朋友）方式進行選課（為確保男性觀點的呈現），進行 11 週，每週 2.5 小時，內容涵蓋七個大方向（Nielsen et al., 2004）：

1. 破除只要有愛就足夠的迷思。
2. 個人成熟及自我了解。
3. 評估合適伴侶的能力。
4. 親密關係及個人取得之障礙。

5. 性滿足及合適性。

6. 衝突解決及溝通技巧。

7. 婚姻關係中的暗礁，包含可預期（孩子的出生）及不可預期（外遇、酗酒等）。

　　為了有助於學生成為「婚姻教育」專業人員，在不影響參與夫妻權益下，透過實際觀摩是十分良好的學習模式。因應《家庭教育法》所須具備的家庭教育專業人員之養成，本系學生畢業即可申請國家認證，取得資格，而「家庭生活教育與實習」課程，在於培訓學生家庭生活教育理論與實務的結合運用，有助於學生未來在職場上直接應用。

　　本次持續辦理輔大的婚前教育則以成長團體方式密集進行 4 週，每週 2 小時。目標為輔大法律系一年級學生。學生先在學期前半段學習相關課程內容，後半段則以「準」家庭教育專業人員身分設計並執行成長團體之帶領。

六、服務學習歷程規劃與安排

階段	週期	工作細項及內容
準備	1-9	家庭生活教育、婚前教育等主題與理論之介紹與認識
服務	11-14	婚前教育成長團體之實作
反省	11-17	每次成長團體結束後帶領學生進入反思、修正與總整理

七、合作機構（爲使學生及接受服務之機構或對象能彼此受惠，應與機構簽訂合作備忘錄）

1. 機構名稱：

2. 機構地點／地址：

3. 聯絡人、聯絡電話：

4. 具體服務工作項目／合作內容：

八、評量方式

1. 學期教案設計：25%

2. 學期教案執行：25%

3. 學期成果（含教案、服務學習反思、影片等完整資料）：25%

4. 平時出席與參與及課後習作 4 次：25%

九、預期產出

1. 完成校園大學生婚前教育課程

2. 完成成長團體教案設計

3. 完成成長團體觀察記錄

4. 完成學生個人自評表

5. 完成團體評量表一份（含對大學生婚前教育／社區婚姻教育的建議）

6. 完成影片製作

附錄三：第四章課程計畫申請範例

　　此部分將會列上基於第四章內容，筆者過去多年以融入式服務學習的教學法，在「婚姻教育與經營」課程中進行研究生參與社區婚姻教育的實作教學計畫。以下為所設計以及具體去申請並執行的課程計畫書，希望可以當作範例，讓有心從事此等婚姻教育的人員，在需要補助或申請時參考。

一、課程基本資訊			
課程名稱	婚姻教育與經營	本課程開設次數	□首次開設　■非首次開設
開課單位	兒童與家庭學系研究所	課程屬性	■專業課程　□通識課程
開課年級	碩士、碩職一、二	必／選修	□必修　■選修
學分數／時數	3	是否配置教學助理	□是　■否
修課人數	24	是否辦理保險	□是　■否
服務議題 （可複選）	□課輔　　　　□志工培育　　□弱勢關懷與陪伴　□公益傳媒 □節能減碳／環保／保育　□醫療服務　■其他婚姻教育（請填寫）		
服務對象 （可複選）	□新移民　　　□老人　　　　□身心障礙　□兒童青少年　□國際服務 ■輔大校園　■社區經營　　□機構　　　□其他		
每學期服務次數	4	服務單位如何擇定	□學生　■教師　□學校安排
每次服務時數	6	服務時段	□課堂　　■課餘時間
是否要求 進行服務	■是　　　□否 （自由決定參加與否）	是否有固定服務時間	■是　　　□否
二、開設重點推動議題相關課程（課程非此推動議題者免填） 　　□原住民學生教育服務　□新移民文化融合			
服務地區	輔大校園	服務地點是否 鄰近學校	□是　　■否
服務對象	□ XX 族原住民 □ XX 國新移民		
請簡要說明 本課程與重 點推動議題 之關聯性	因應《家庭教育法》所須具備的家庭教育專業人員之養成，本系所學生畢業即可申請國家認證，取得資格，而家庭生育與實習為本系必修課，在於培訓學生家庭生活教育理論與實務的結合運用。臺灣的離婚率自 1997 年始呈持續增加情勢，到 2003 年的高峰 2.87 後略為下滑但仍維持在相對高點 2.83，並且在		

2005 年已經躍升為亞洲離婚率最高的國家。

　　面對高離婚率目前主要的兩個策略是：婚姻問題出現後的輔導治療及問題出現前的預防。在美國 80-90% 的離婚者表示當他們婚姻出現問題時未曾尋求治療師的協助，至於接受婚姻治療協助者也只有三分之二的婚姻在短期間改善了。因此在婚姻問題出現前的預防觀點便成為更值得推廣的選擇，這也與晚近預防科學的理念相吻合。

　　天主教大學看重家庭價值，而家庭以夫妻關係為要，社會中也漸從傳統「父子軸」轉變為對「夫妻軸」的重視，而婚姻議題的認識與處理則須倚靠有效的婚姻溝通與經營，本所課程「婚姻教育與經營」則是並重婚姻教育理論與實務，透過專業養成及認證過程，結合服務學習教學模式的實作，教師與學生一同經營並服務社區家庭中的夫妻，促進其婚姻之親密感。同時在修課學生特殊背景下（幼教及國小教師等），為處理參與家庭托育問題，本課程亦結合其專業背景能提供參與家庭之子女的兒童教育與活動，此配套措施之提供也常是婚姻家庭教育推動的關鍵因素。是故以預防性婚姻教育為主軸，期盼能培養在專業領域有專精的學生外，也能藉研究生服務學習的機會，回應學校對社區家庭關懷與生活品質的倡導。

三、課程目標

1. 由理論與實務探討婚姻教育與經營，以增進對相關文獻的認識與了解。
2. 由探討與閱讀的文獻報告中，增進未來研究婚姻教育議題之能力。
3. 增進實際設計或操作婚姻方案計畫及評估的能力。

四、課程內容

1. 婚姻教育相關理論與基礎。
2. 婚姻教育實務與方案設計。
3. 婚姻文獻導讀與研討。
4. 婚姻教育服務學習參與實作。
5. 反思與成果呈現。

五、教學策略

　　本課程教師具備「親密之旅」帶領人資格，並有多次帶領團體的經驗，而另一位搭配教師亦同。本課程嘗試藉由師生共同以婚姻教育專業的學習與服務學習實作課程來經營，即：以模擬協會之運作來推動婚姻教育，同學進行分擔各項行政與實作部分，例如企劃、招生、行銷、活動、招待、協帶、孩童活動設計及評估等事宜，一方面協助同學了解社會團體運作及如何推動婚姻教育的進程，另一方面藉由教師實際教學與夫妻互動實務，同學可認識成長團體之帶領技巧，也能在觀察中與婚姻理論作進一步的應證與對話。

　　輔大親密之旅的婚姻教育則以成長團體方式進行，分為兩個星期日全天進行。課程內容涵蓋：愛的探索、智慧存款─了解愛的語言，建立愛的帳戶、了解差異與衝突、和諧的兩性關係、原生家庭對人格和親密關係的影響、發展情感智慧、四種依附型態與親密關係、親密關係中的「四大殺手」與情緒調整的「五大要訣」、關係修復、學習饒恕、愛的行動等議題。目標

以輔大社區家庭為主，8-12 對為一合宜開設人數。學生先在學期前半段學習相關課程內容，後半段則以「準」家庭教育專業人員身分參與協助成長團體的運作。

六、服務學習歷程規劃與安排

階段	週期	工作細項及內容
準備	1-10	婚姻教育理論與方案設計等主題之介紹
服務	11-14	婚姻教育成長團體（親密之旅）之實作
反省	12-15	每次成長團體結束後帶領學生進入反思與檢討
慶賀	18	成果分享與建議

七、合作機構

1. 機構名稱、地點：
2. 受服務對象：
3. 具體服務工作項目：

八、評量方式

1. 平時參與（30%）（含出席上課討論 10%、515 國際家庭日的觀察與回應、參與國際家庭研討會與省思 10%，ican 課後心得分享 10%）
2. 期中文獻導讀報告與研討回應（30%）
3. 期末服務學習實作部分（40%）

婚姻教育方案設計與執行：以「模擬協會」策劃並執行婚姻教育，以服務學習教學方式進行，潘榮吉老師夫婦負責帶領親密之旅夫妻成長團體，預計四個週末課程內容共 24 小時，同學應分組參與成長團體之進行規劃、行政協助、觀察記錄及整理，並從中針對選定之主題延伸進行方案設計，應包含文獻探討、需求評估、活動企劃、招生計畫，活動宗旨、詳細流程、影片製作等，具體辦理時間依被服務者需求考量。

九、預期產出

1. 完成成長團體協助教案設計。
2. 完成兒童教育方案設計與實作。
3. 完成成長團體觀察記錄。
4. 完成學生個人自評表、成果報告書乙份。

國家圖書館出版品預行編目資料

乒乓雙人舞：婚姻教育的理念與實務／潘榮吉
著. -- 初版. -- 臺北市：五南圖書出版股
份有限公司, 2021.08
　　面；　公分
　ISBN 978-986-522-926-9（平裝）

1.婚姻　2.家庭　3.生活指導

544.3　　　　　　　　　110010623

1I4B

乒乓雙人舞
婚姻教育的理念與實務

作　　　者 — 潘榮吉（364.3）

發 行 人 — 楊榮川

總 經 理 — 楊士清

總 編 輯 — 楊秀麗

副總編輯 — 黃文瓊

責任編輯 — 黃淑真、李敏華

封面設計 — 姚孝慈

出 版 者 — 五南圖書出版股份有限公司

地　　　址：106台北市大安區和平東路二段339號4樓

電　　　話：(02)2705-5066　　傳　　　真：(02)2706-6100

網　　　址：https://www.wunan.com.tw

電子郵件：wunan@wunan.com.tw

劃撥帳號：01068953

戶　　　名：五南圖書出版股份有限公司

法律顧問　林勝安律師事務所　林勝安律師

出版日期　2021年 8 月初版一刷
　　　　　2022年 7 月初版二刷

定　　　價　新臺幣350元

經典永恆・名著常在
—◆—

五十週年的獻禮——經典名著文庫

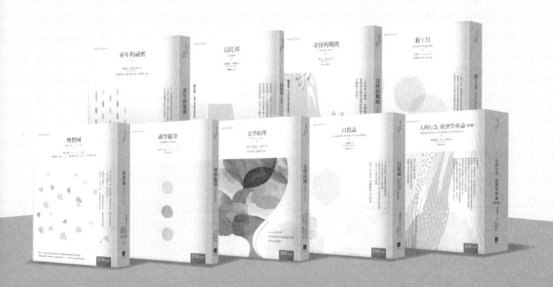

五南,五十年了,半個世紀,人生旅程的一大半,走過來了。

思索著,邁向百年的未來歷程,能為知識界、文化學術界作些什麼?

在速食文化的生態下,有什麼值得讓人雋永品味的?

歷代經典・當今名著,經過時間的洗禮,千錘百鍊,流傳至今,光芒耀人;

不僅使我們能領悟前人的智慧,同時也增深加廣我們思考的深度與視野。

我們決心投入巨資,有計畫的系統梳選,成立「經典名著文庫」,

希望收入古今中外思想性的、充滿睿智與獨見的經典、名著。

這是一項理想性的、永續性的巨大出版工程。

不在意讀者的眾寡,只考慮它的學術價值,力求完整展現先哲思想的軌跡;

為知識界開啟一片智慧之窗,營造一座百花綻放的世界文明公園,

任君遨遊、取菁吸蜜、嘉惠學子!